스무살부터 시작하는
프리랜서의 절세법

프리랜서 99%가 잘 모르는

3.3%

스무살부터 시작하는
프리랜서의
절세법

택스코디 지음 | 잡빌더 로울 기획

다온북스
DAON BOOKS

이 책은 다음과 같이 구성했습니다. 먼저 대부분 프리랜서에게 일어날 수 있는 세금 문제를 프리랜서인 세알못 씨 질문으로 시작합니다. 그리고 이와 같은 문제를 해결하기 위해 알아야 할 세금 상식을 택스코디가 알기 쉽게 설명합니다. 그러므로 이와 유사한 세금 문제를 맞닥뜨렸을 때, 슬기롭게 대처하는 힘을 기를 수 있다는 것이 이 책의 핵심입니다. 절세는 덤입니다.

세알못   프리랜서 강사입니다. 어떤 곳은 3.3%를 공제하고 강사료를 지급하고, 또 다른 곳은 8.8%를 떼고 줍니다. 왜 이런 차이가 발생하는 건가요?

택스코디   시간과 장소에 구애받지 않고 자유스럽게 일하면서 돈을 벌 수 있는 직업들은 계속 증가하고 있습니다. 이런 프리랜서가 얻는 소득들은 매우 다양합니다. 다음 표처럼 3.3% 원천징수 후 지급한 강의료는 사업소득으로 지급했다는 의미이고, 8.8% 원천징수는 기타소득으로 강사료를 지급했다는 것입니다.

사업소득	부가가치세가 면제되는 인적용역에 해당하면 지급 금액의 3.3%를 원천징수한다.
기타소득	일시적으로 용역을 제공할 때 기타소득으로 구분하며 지급 금액의 8.8%를 원천징수한다.
일용직 소득	정해진 일당을 받은 것으로 일당 15만 원까지는 원천징수를 하지 않고, 그 초과분은 6.6%로 원천징수한다.

대부분 프리랜서는 지급 금액의 3.3%로 원천징수가 되는 경우가 많습니다. 이런 사업소득이 발생하면 종합과세 방식으로 소득세를 신고해야 합니다. 쉽게 말해 매년 5월 종합소득세 신고를 해야 합니다.

한편 기타소득은 수입에서 비용 (일반적으로 수입금액의 60%만큼 비용으로 인정)을 제외한 소득금액에 따라 다음과 같이 정산방법이 달라집니다.

기타소득금액 (수입 - 비용)	과세 방식
300만 원 초과	다른 사업소득과 합산해 종합과세로 정산해야 한다.
300만 원 이하	다른 소득과 합산하지 않고 원천징수로 납세의무가 끝나 소득세 신고를 하지 않아도 된다. (분리과세)

참고로 일용직 소득으로 정산됐다면 일당 15만 원까지는 원천징수하지 않으며(비과세), 그 초과분은 6.6% 원천징수로 납세의무가 끝납니다. (분리과세)

프리랜서는 통상 사업장 없이 홀로 인적용역을 제공하므로 부가가치세가 면제됩니다. 그리고 사업자등록을 하지 않아도 미등록가산세가 발생하지 않습니다. 하지만 프리랜서가 사업장을 갖추거나 직원을 두면 부가가치세 과세사업자로 등록해야 하며 미등록 시 가산세가 부과됩니다. 참고로 연간 수입금액이 복식부기 장부 수준(프리랜서의 경우 7,500만 원 이상)이 되면 사업용 계좌 신고, 복식부기 장부작성 등 여러 가지 의무가 부여되니 주의해야 합니다.

어떤가요? 전혀 어렵지 않죠. 이런 식으로 책을 구성했습니다. 딱 이 정도 지식만 있어도 세금 문제를 마주했을 때, 지혜롭게 대처할 수 있을 것입니다. 여러분의 건투를 빕니다.

차례

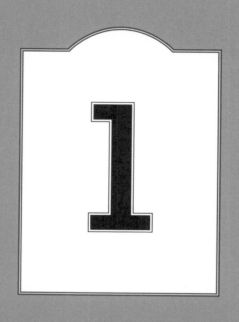

소득세 신고를 안 했는데,
아무런 연락이 없다?

문제 1	배달 라이더입니다. 소득세 신고를 한 번도 하지 않았습니다. 그런데, 왜 아무 일도 생기지 않나요?
문제 2	그럼 프리랜서가 환급이 발생하는 최대 수입금액은 얼마나 될까요?
문제 3	업종별 경비율은 어떻게 확인 가능한가요?
문제 4	세무서에서 우편물을 받았습니다. 우편물에는 내야 할 세금 금액이 나와 있습니다. 세금 신고를 한 사실이 없는데 어떻게 된 일인가요?

이번 장에서는 위에서 말한 문제들에 대한 답을 찾아가는 과정을 통해 '프리랜서 소득세 환급 구조', '단순경비율 적용 소득세 계산법', 그리고 '국세부과 제척기간' 등을 스스로 터득해 소득세 구조에 대한 개념을 잡을 수 있을 것입니다.

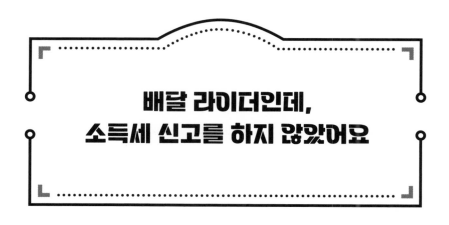

배달 라이더인데, 소득세 신고를 하지 않았어요

매년 5월은 종합소득세 신고의 달입니다. 프리랜서, 배달 라이더, 아르바이트 등 사업소득이 발생했는데도, 소득세 신고를 하지 않는 경우가 제법 있습니다.

알고 있나요? 소득세 신고를 안 하는 사람이 생각보다 많다는 사실을, 그런데 잠깐! 왜 이들은 소득세 신고조차 하지 않았는데, 아무런 문제가 생기지 않았을까요? 이번 장에서는 그 이유를 설명해보겠습니다.

소득세에 대해 잘 모르는 사람들을 위해 간단히 설명하면, 우리가 일하고 소득이 발생하면 그 소득에 맞는 세금을 내야 합니다. 작가, 강사 등과 같은 프리랜서들은 소득이 생기고 그 소득에 대해 대가를 받을 때, 대가를 지급하는 사업주가 3.3% 세금을 뗀 나머지를 받습니다. 다시 말해 번 돈에 대한 세금을 이미 냈다는 소리입니다.

연말정산이란 단어를 들어봤죠? 직장인이 한 해 동안 받은 총급여를 기준으로 다시 세법에 따라 소득세를 정확하게 계산하고, 그 결과에 따라 환급을 받기도 하고, 세금을 더 내기도 합니다. 이처럼 프리랜서가 미리 떼인 3.3%의 세금과 지난해 번 사업소득에 대한 세금을 비교해서 미리 떼간 돈 (기납부세액)이 더 많으면 환급이 생기는 구조입니다.

세알못 배달 라이더입니다. 소득세 신고를 한 번도 하지 않았습니다. 그런데, 왜 아무 일도 생기지 않나요? (참고로 지난해 1,500만 원의 수입이 발생했고, 혼자 살고 있습니다.)

택스코디 프리랜서 소득은 사업소득으로 구분해 매년 5월에 종합소득세 신고를 해야 합니다. 다음은 세알못 씨 소득세를 구한 표입니다. (계산 편의상 소득공제는 본인 공제 150만 원, 세액공제는 표준세액공제 7만 원, 전자신고세액공제 2만 원 적용).

계산식		
수입금액		15,000,000원
필요경비 (단순경비율 79.4%)	−	11,910,000원
본인공제	−	1,500,000원
과세표준 (수입금액 - 필요경비 - 공제)		1,590,000원
산출세액 (과세표준 × 세율 6%)		95,400원
세액공제 (표준세액공제 7만 원, 전자신고세액공제 2만 원)	−	90,000원
결정세액		5,400원
기납부세액 : 450,000원 15,000,000원 × 3.3% = 495,000원 (소득세 450,000원 + 지방소득세 45,000원)	−	450,000원
환급세액 (종합소득세)		444,600원
환급세액 (지방소득세)		44,460원

따라서 지방소득세를 포함한 총 환급액은 489,060원입니다.

여기서 잠깐! 세알못 씨가 소득세 신고를 안 해도 아무런 문제가 되지 않았던 이유는 납부세액이 아닌 환급세액이 발생했기 때문입니다. 이렇게 환급세액이 발생할 때는 자진신고를 해야 환급을 받을 수 있습니다. 다시 말해 국세청이 자동으로 환급해 주지 않는다는 말입니다.

세알못　소득세 신고를 하지 않아도 문제가 되지 않았던 이유는 환급이 발생해서이군요. 잘 이해했습니다. 그런데 위 표에서 단순 경비율 79.5%라고 되어있는데, 이게 무슨 말이죠?

택스코디　세알못 씨가 소득을 올리기 위해선 오토바이 기름도 넣어야 하고 고장이 나면 수리도 해야 합니다. 이렇게 경비가 발생합니다. 소득세는 일하면서 필요한 경비들이 발생하면 그 경비만큼을 소득에서 제하고 세금을 부과하는 구조입니다. 대부분 배달 라이더들은 시스템이 갖춰진 회사들처럼 경비를 명확하게 관리하는 것이 힘이 들죠. 이런 이유로 국세청에서 '배달 직종은 얼마만큼 통상적으로 경비가 들어간다'라는 식의 규정을 만들어 놓고 그 규정에 맞는 경비율을 정해서 공제를 해준다고 이해하면 됩니다.

프리랜서 환급이 발생하는 최대 수입금액은?

세알못 그럼 저같은 배달 라이더가 환급이 발생하는 최대 수입금액은 얼마나 될까요?

택스코디 세알못 씨가 환급이 발생한 가장 큰 이유는 추계신고 단순경비율 적용대상자이기 때문입니다. 프리랜서가 단순경비율 적용이 가능한 수입금액은 최대 3,600만 원까지입니다. 그렇다면 수입금액만 3,600만 원으로 바꾸고, 같은 조건에서 얼마나 환급이 발생하는지 계산해봅시다.

(계산 편의상 소득공제는 본인 공제 150만 원, 세액공제는 표준세액공제 7만 원, 전자신고세액공제 2만 원 적용)

계산식		
수입금액		36,000,000원
필요경비 (단순경비율 79.4%)	-	28,584,000원
본인공제	-	1,500,000원
과세표준 (수입금액 - 필요경비 - 공제)		5,916,000원
산출세액 (과세표준 × 세율 6%)		354,960원
세액공제 (표준세액공제 7만 원, 전자신고세액공제 2만 원)	-	90,000원
결정세액		264,960원
기납부세액 : 1,080,000원 36,000,000원 × 3.3% = 1,188,000원 (소득세 1,080,000원 + 지방소득세 108,000원)	-	1,080,000원
환급세액 (종합소득세)		815,040원
환급세액 (지방소득세)		81,504원

따라서 지방소득세를 포함한 총 환급액은 896,544원입니다. 따라서 배달 라이더라면 단순경비율이 적용되는 수입금액 3,600만 원까지는 환급이 발생합니다. 다시 말해 수입금액 3,600만 원까지는 꼭 5월에 소득세 신고를 해서 환급을 받는 것이 유리합니다.

참고로 업종별 경비율은 차이가 있으니 해당 경비율을 확인해서 각자 소득세를 계산해보면 도움 될 것입니다.

세알못 업종별 경비율은 어떻게 확인 가능한가요?

택스코디 매년 3월이면 국세청에서 그해의 종합소득세 신고 시 적용할 경비율을 고시하므로 국세청 홈택스 홈페이지에서 '기준(단순)경비율' 조회 코너를 이용하거나 납세자에게 보내는 종합소득세 안내문을 통해서 해당 업종코드를 확인하고 그에 따른 경비율을 참고하면 됩니다.

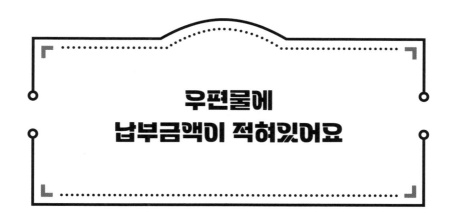

**우편물에
납부금액이 적혀있어요**

세알못 그럼 환급이 아닌 납부세액이 발생할 때, 소득세 신고를 하지
않으면 어떻게 되나요?

택스코디 프리랜서(사업자등록증이 없는 개인사업자)의 소득은 사업소
득으로 분류가 됩니다. 그런 이유로 매년 5월 종합소득세를 신
고·납부해야 합니다. 프리랜서 중에서 이런 사실을 모르고 있
다가 미신고자로 분류되기도 합니다. 프리랜서 사업소득에 대
해서는 다음 해 5월 중에 관할 세무서에 소득세 신고를 해야
합니다. 물론 이때 제대로 신고를 하지 않았을 때 무신고가산
세 등이 부과됩니다. 여기서 무신고가산세는 통상 산출세액의
20%입니다. 이 외에 미납한 세액에 대해 하루 2.2/10,000의 가
산세가 별도로 부과됩니다.

세알못　세무서에서 우편물을 받았습니다. 우편물에는 내야 할 세금 금액이 나와 있습니다. 세금 신고를 한 사실이 없는데 어떻게 된 일인가요?

택스코디　우편물에 적힌 금액이 납세자를 위해 세금이 적게 계산되었을까요? 신고기한 내에 세금 신고를 하지 않았을 때는 과세당국이 직권으로 과세표준을 정해 고지할 수 있습니다.

이때 가산세는 법으로 정한 무신고가산세, 납부불성실가산세 등을 부과하며 가산세 감면은 하지 않습니다.

그런데 여기서 궁금한 점이 하나 생깁니다. 과거에 미신고한 소득에 대해 언제까지 추징 가능한지의 여부입니다. 세법에서는 이런 문제를 해결하기 위해 다음과 같은 국세부과 제척기간을 두고 있습니다. 따라서 사업소득에 대한 소득세를 신고하지 않았다면 과거 7년 이내의 것이 추징 대상이 됩니다.

▶ 세목별 국세부과 제척기간

세목	원칙	특례
상속·증여세	15년간: 탈세, 무신고, 허위신고 등 10년간: 이 외의 사유	상속 또는 증여가 있음을 안 날로부터 1년 (탈세로서 제3자 명의 보유 등으로 은닉재산이 50억 원 초과 시 적용)
이 외 세목	10년간: 탈세 7년간: 무신고 5년간: 이 외의 사유	조세쟁송에 관한 결정 또는 판결이 있는 경우, 그 결정(또는 판결)이 확정된 날로부터 1년이 경과하기 전까지는 세금 부과가 가능

3.3% 원천징수와 8.8% 원천징수, 어떻게 다른가?

문제 1	분리과세하는 소득도 있다고 하는데, 그건 뭔가요?
문제 2	프리랜서 강사입니다. 어떤 곳은 3.3% 를 공제하고 강사료를 지급하고, 또 다른 곳은 8.8%를 떼고 줍니다. 왜 이런 차이가 발생하는 건가요?
문제 3	3.3% 사업소득으로 원천징수한 프리랜서는 종합소득세를 신고해야 한다는 건 이제 알았습니다. 그럼 기타소득만 있는 프리랜서는 어떻게 해야 하나요?
문제 4	기타소득금액 연간합계금액 300만 원 이상이 되려면, 연간 수입금액이 얼마 이상이 되어야 하나요?

이번 장에서는 위에서 말한 문제들에 대한 답을 찾아가는 과정을 통해 '소득의 종류', '종합과세와 분류과세, 그리고 분리과세의 차이점', 그리고 '프리랜서 사업소득 (기타소득) 원천징수' 등을 스스로 터득해 소득세를 줄일 수 있을 것입니다.

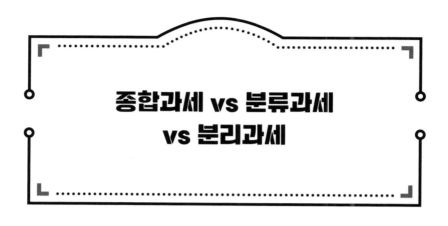

종합과세 vs 분류과세
vs 분리과세

소득세 계산을 하기 전에, 가장 먼저 따져 봐야 할 것은 발생한 소득이 어떤 종류인지 확인하는 것입니다. 소득세법상 소득의 종류는 이자소득, 배당소득, 사업소득, 근로소득, 연금소득, 기타소득, 퇴직소득, 양도소득 등이 있습니다. 이중 이자소득, 배당소득, 사업소득, 근로소득, 연금소득, 기타소득은 종합과세하는 소득이고 나머지 퇴직소득과 양도소득은 분류과세하는 소득입니다.

분류과세란 종합과세와 대비되는 개념으로 다른 소득과 합쳐지지 않고, 별도로 계산해 과세하는 것입니다. 다시 말해 분류과세하는 퇴직소득과 양도소득은 종합과세 과세표준에 더하지 않고 별도의 과세표준과 세율을 적용하고, 나머지 소득에 대해서는 종합과세하는 소득으로 소득세를 신고할 때 모두 합쳐서 과세표준과 세율을 적용한다고 이해하면 됩니다.

세알못 분리과세하는 소득도 있다고 하는데, 그건 뭔가요?

택스코디 분리과세란 종합소득에 포함되는 소득 중에 과세 편의를 위해서 일정한 기준금액 이하나 특정 소득에 대해서 원천징수만으로 소득세 의무를 종결하며, 종합소득 과세표준에 추가하지 않는 소득을 말합니다.

예를 들어 금융소득(이자소득 + 배당소득)이 2,000만 원 이하이면 종합소득 과세표준에 포함하지 않고 일정 세금을 사전에 원천징수하고 추가적인 납세의무를 요구하지 않습니다. 이런 소득에는 기타소득, 연금소득, 일용직 근로소득 등이 있습니다. 다음 표를 참고합시다.

▶ **소득 종류별 과세 방법 및 적용기준**

과세방법	소득종류	적용기준
종합과세	이자 , 배당소득	금융소득(이자소득 + 배당소득)이 2,000만 원을 초과하면 종합과세
	근로 , 사업소득	무조건 종합과세
	연금소득	• 공적연금소득은 무조건 종합과세 • 사적연금소득은 1,500만 원을 초과하면 종합과세
	기타소득	기타소득금액이 300만 원을 초과하면 종합과세
분류과세	양도소득	종합소득과 합산하지 않고 별도 과세
	퇴직소득	종합소득과 합산하지 않고 별도 과세

참고로 양도소득이나 퇴직소득은 소득이 발생할 때마다 법정신고·납부 기한까지 신고 및 각각의 세금을 계산해 내야 합니다.

어떤 곳은 3.3%를 공제하고, 또 다른 곳은 8.8%를 떼고, 왜 그럴까?

세알못 프리랜서 강사입니다. 어떤 곳은 3.3%를 공제하고 강사료를 지급하고, 또 다른 곳은 8.8%를 떼고 줍니다. 왜 이런 차이가 발생하는 건가요?

택스코디 시간과 장소에 구애받지 않고 자유스럽게 일하면서 돈을 벌 수 있는 직업들은 계속 증가하고 있습니다. 이런 프리랜서가 얻는 소득들은 매우 다양합니다. 다음 표처럼 3.3% 원천징수 후 지급한 강의료는 사업소득으로 지급했다는 의미이고, 8.8% 원천징수는 기타소득으로 강사료를 지급했다는 것입니다.

사업소득	부가가치세가 면제되는 인적용역에 해당하면 지급 금액의 3.3%를 원천징수한다.
기타소득	일시적으로 용역을 제공할 때 기타소득으로 구분하며 지급 금액의 8.8%를 원천징수한다.
일용직 소득	정해진 일당을 받은 것으로 일당 15만 원까지는 원천징수를 하지 않고, 그 초과분은 6.6%로 원천징수한다.

대부분 프리랜서는 대가를 받을 때 3.3%로 원천징수가 되는 경우가 많습니다. 이런 사업소득이 발생하면 종합과세 방식으로 소득세를 신고해야 합니다. 쉽게 말해 매년 5월 종합소득세 신고를 해야 합니다.

한편 기타소득은 수입에서 비용 (일반적으로 수입금액의 60%만큼 비용으로 인정)을 제외한 소득금액에 따라 다음과 같이 정산방법이 달라집니다.

기타소득금액 (수입 - 비용)	과세 방식
300만 원 초과	다른 사업소득과 합산해 종합과세로 정산해야 한다.
300만 원 이하	다른 소득과 합산하지 않고 원천징수로 납세의무가 끝나 소득세 신고를 하지 않아도 된다. (분리과세)

참고로 일용직 소득으로 정산됐다면 일당 15만 원까지는 원천징수하지 않으며(비과세), 그 초과분은 6.6% 원천징수로 납세의무가 끝납니다. (분리과세)

프리랜서는 통상 사업장 없이 홀로 인적용역을 제공하므로 부가가치세가 면제됩니다. 그리고 사업자등록을 하지 않아도 미등록가산세가 발생하지 않습니다. 하지만 프리랜서가 사업장을 갖추거나 직원을 두면 부가가치세 과세사업자로 등록해야 하며 미등록 시 가산세가 부과됩니다. 참고로 연간 매출액이 복식부기 장부 수준(프리랜서의 경우 7,500만 원이상)이 되면 사업용 계좌 신고, 복식부기 장부작성 등 여러 가지 의무가 부여되니 주의해야 합니다.

원천징수된 기타소득금액이 300만 원 이상이면?

매년 5월은 종합소득세 신고 기간입니다. 종합소득세 대상자는 개인사업자, 금융소득 2,000만 원 초과자, 연말정산을 하지 않는 프리랜서 등입니다.

세알못 3.3% 사업소득으로 원천징수한 프리랜서는 종합소득세를 신고해야 한다는 건 이제 알았습니다. 그럼 기타소득만 있는 프리랜서는 어떻게 해야 하나요?

택스코디 원천징수된 기타소득금액 연간합계금액이 300만 원 이상인 프리랜서는 종합소득세 확정신고를 해야 합니다. 반면 원천징수된 기타소득금액의 연간 합계금액이 300만 원 이하이면 종합소득으로 신고하지 않으면 원천징수로 종결됩니다.

기타소득은 일시적, 우발적으로 발생하는 소득으로 상금이나 현상금, 포상금, 복권 당첨금, 경품, 추첨, 위약금, 배상금, 원고료, 인세, 종교인소득 등이며 뇌물도 기타소득에 포함됩니다. 어떤 사람이 뇌물을 받은 일이 드러났다면 그에 대한 소득세가 부과되는 것도 뇌물이 기타소득에 해당하기 때문입니다. 다만 복권 당첨소득, 승마투표권 등 환급금, 슬롯머신 당첨금품 등은 무조건 분리과세합니다. 다음 표를 참고합시다.

▶ 기타소득 현황

기타소득 종류	필요경비	원천징수 세율
인적용역 기타소득(문예·학술·미술·음악·사진 등 창작품에 대한 원고료나 저작권 사용료)	60%	8.8%
다수 경쟁자가 참가한 공모전 및 대회에서 받은 기타소득	80%	4.4%
경품, 당첨금 등	없음	22%
로또 등 복권 당첨금 및 슬롯머신 당첨금	없음	3억 원 이하 22% 3억 원 초과 33%

세알못 그럼 기타소득금액 연간합계금액 300만 원 이상이 되려면, 연간 수입금액이 얼마 이상이 되어야 하나요?

택스코디 기타소득금액이란 다음처럼 수입금액에서 필요경비를 차감한 후 금액을 말합니다.

• 기타소득금액 = 수입금액 - 필요경비 (인적용역 기타소득 필요경비율은 60%)

가령 기타소득으로 총 수입금액이 750만 원이 발생하면, 필요경비는 450만 원(750만 원 × 60%)입니다. 따라서 기타소득금액은 다음과 같이 계산하면 300만 원이 됩니다.

• 기타소득금액 = 수입금액 - 필요경비 = 750만 원 - 450만 원 = 300만 원

따라서 기타소득에 의한 연간 총 수입금액이 750만 원을 초과하면 종합소득세 신고를 별도로 해야 합니다.

3

작년엔 환급, 올해엔 세금폭탄,
그 이유는?

문제 1	2022년 학원 강사로 처음 일을 하기 시작해 그 해 4,000만 원의 수입이 발생했고 '삼쩜삼' 플랫폼을 통해 종합소득세 신고를 하고 환급받았습니다. 다음 해인 2023년도에도 전년도와 비슷하게 4,000만 원가량의 수입이 발생했고 똑같이 삼쩜삼을 통해 신고했는데, 이번에는 환급은 고사하고 240만 원가량 세금을 추가 납부해야 하는 것으로 나온 것입니다. 왜 이런 일이 발생한 것일까요?
문제 2	추계신고는 뭐고, 또 단순경비율은 무엇을 말하는 건가요?
문제 3	프리랜서 수입금액이 3,600만 원 이상이 되어 기준경비율 적용대상이 되면 어떻게 하는 것이 좋은가요?

이번 장에서는 위에서 말한 문제들에 대한 답을 찾아가는 과정을 통해 '추계신고 개념', '추계신고 시 필요경비 계산법', 그리고 '기준경비율 대상 프리랜서 절세 팁'을 스스로 터득해 소득세를 줄일 수 있을 것입니다.

분명 작년엔 환급을 받았는데

'국가에 떼인 세금 돌려드립니다.'

바로 '삼쩜삼'의 캐치프레이즈입니다. 이 플랫폼을 주로 이용하는 프리랜서(학원 강사, 배달 라이더, 캐디, 목욕관리사 등)는 소득을 받을 때 3.3%(국세 3% + 지방소득세 0.3%)를 원천징수 한 나머지를 통장으로 받습니다. 가령 100만 원의 소득이 발생했다면 3.3%인 3만 3,000원을 세금으로 떼고 나머지 96만 7,000원을 받는 것입니다.

여기에는 프리랜서가 직접 지출한 필요경비는 반영되지 않았습니다. 가령 강사라면 교재 비용이나, 강의에 필요한 물품 등을 구매한 비용을 필요경비로 처리해 세금을 줄일 수 있고, 이를 종합소득세 신고 기간인 5월에 하는 것입니다. 하지만 이를 잘 몰라서 신고조차 안 하는 프리랜서들이 많습니다.

세알못 2022년 학원 강사로 처음 일을 시작해 그 해 4,000만 원의 수입이 발생했고 '삼쩜삼' 플랫폼을 통해 세금 신고를 하고 환급받았습니다. 다음 해인 2023년도에도 전년도와 비슷하게 4,000만 원가량의 수입이 발생했고 똑같이 삼쩜삼을 통해 신고했는데, 이번에는 환급은 고사하고 240만 원가량 세금을 추가로 내야 하는 것으로 나온 것입니다. 왜 이런 일이 발생한 것일까요?

택스코디 결론부터 말하자면 이런 결과가 나온 것은 추계신고 경비율 적용이 다르게 됐기 때문입니다.

사업자들은 신규사업자 여부와 수입금액 등으로 단순경비율 또는 기준경비율을 적용 여부가 결정됩니다. 단순경비율은 실제 사업자가 얼마를 필요경비로 사용했는지 알 수는 없지만, 이 업종에서는 이 정도의 비용을 사용했을 것이라고 예상해 비용으로 인정해주는 비율을 의미합니다.

이른바 '3.3% 소득자'인 프리랜서는 연 매출이 7,500만 원 이상이면 복식부기 장부를 작성해야 합니다. 하지만 이보다 매출 규모가 작으면 간편장부를 써도 괜찮습니다. 이런 절차마저 귀찮다면 아예 장부작성 없이 추계신고(推計申告)하는 방법도 있습니다. 프리랜서의 종합소득세 추계신고 시 경비율 적용 기준금액은 다음 표와 같습니다.

▶ 계속사업자 프리랜서 추계신고 시 경비율 적용

연 매출(직전연도)	3,600만 원 미만	3,600만 원 이상
경비처리	단순경비율로 경비 공제 후 세금 신고	기준경비율로 경비 공제 후 세금 신고

• 계속사업자: 재작년에 이어 작년에도 사업을 계속하는 프리랜서의 재작년 수입금액이 3,600만 원 미만이면서 지난해 수입금액이 7,500만 원 미만이면 단순경비율을 적용받을 수 있습니다. 단, 재작년 수입금액이 3,600만 원 이상이거나, 지난해 수입금액이 7,500만 원 이상이면 기준경비율을 적용받습니다.

▶ 신규사업자 프리랜서 추계신고 시 경비율 적용

연 매출(해당연도)	7,500만 원 미만	7,500만 원 이상
경비처리	단순경비율로 경비 공제 후 세금 신고	기준경비율로 경비 공제 후 세금 신고

• 신규사업자: 지난해 새로 사업을 시작하면서 수입금액이 7,500만 원 미만이면 단순경비율을 적용받는 신규사업자로 인정받을 수 있습니다.

세알못　계속사업자와 신규사업자 기준금액이 다른데 왜 그런가요?

택스코디　위 표를 보면 신규사업자와 계속사업자의 수입금액 적용기준이 차이가 있습니다. 원칙적으로 직전연도 수입금액을 기준으로 판단해야 하는데, 신규사업자는 직전연도가 존재하지 않으므로 해당연도 수입금액으로 단순경비율·기준경비율 대상자를 판단합니다. 쉽게 말해 프리랜서가 첫 소득세 신고 시 적용되는 수입금액은 7,500만 원을 기준으로 하고 두 번째 신고부터는 계속 3,600만 원을 기준으로 한다고 이해하면 됩니다.

따라서 세알못 씨가 (수입금액이 같았는데도) 첫해 환급을 받았는데, 다음 해 세금폭탄을 맞은 이유는 첫해는 단순경비율로 신고를 했고, 다음 해는 기준경비율로 신고를 했기 때문입니다. 그럼 다음 장에서 더 정확하게 소득세를 계산해서 비교해 봅시다.

프리랜서 소득세를 계산해보자

소득세를 계산하기 위해서는 먼저 경비율부터 확인해야 합니다. 업종마다 경비율은 차이가 있습니다. 다음 표를 참고합시다.

▶ **2022년 귀속 프리랜서 추계신고 시 경비율**

구분	단순경비율	기준경비율
작가	58.7%	16.7%
가수	42.3%	14.4%
배우	39.0%	12.1%
학원강사	61.7%	16.6%
보험설계사	77.6%	29.5%
퀵서비스배달원	78.8%	25.3%

먼저 2022년 귀속 소득세부터 계산해봅시다. 위 표를 보면 학원 강사의 단순경비율은 61.7%이고, 세알못 씨의 경우 수입금액이 4,000만 원이므로 추계신고 단순경비율을 적용해 소득금액을 계산하면 다음과 같습니다.

- 소득금액 = 수입금액 - 필요경비 = 수입금액 - (수입금액 × 단순경비율)
  = 4,000만 원 - (4,000만 원 × 61.7%) = 4,000만 원 - 2,468만 원 = 1,532만 원

다시 말해 수입금액 4,000만 원의 61.7%인 2,468만 원은 경비로 인정하고 나머지 금액인 1,532만 원에 대해서 소득세를 부과하는 것입니다. 계산 편리 상 소득공제와 세액공제는 없다고 가정하고, 소득세를 계산하면 다음과 같습니다.

소득세 = 과세표준 × 세율 = 1,532만 원 × 15% - 126만 원(누진공제액)
= 103만 8,000원

그런데 세알못 씨가 이미 학원을 통해 원천징수한 세금 132만 원(4,000만 원 × 3.3%, 기납부세액)이 있습니다. 따라서 이 금액에서 103만 8,000원을 제한 금액인 28만 2,000원을 환급받게 됩니다.

다음은 2023년 귀속 소득세를 계산해봅시다. 이제 세알못 씨는 더는 신규사업자가 아닙니다. 2023년 수입금액이 3,600만 원 이상(종전에는

2,400만 원) 계속사업자이므로, 이젠 단순경비율 적용받을 수 없게 됐습니다.

수입금액이 4,000만 원이므로 추계신고 기준경비율을 적용해 소득금액을 계산하면 다음과 같습니다.

- 소득금액 = 수입금액 - 필요경비 = 수입금액 - (수입금액 × 기준경비율) = 4,000만 원 - (4,000만 원 × 16.6%) = 4,000만 원 - 664만 원 = 3,336만 원

다시 말해 수입금액 4,000만 원의 16.6%인 664만 원은 경비로 인정하고 나머지 금액인 3,336만 원에 대해서 소득세를 부과하는 것입니다. 계산 편리 상 소득공제와 세액공제는 없다고 가정하고, 소득세를 계산하면 다음과 같습니다.

소득세 = 과세표준 × 세율 = 3,336만 원 × 15% - 126만 원(누진공제액) = 374만 4,000원

그런데 세알못 씨가 이미 학원을 통해 원천징수한 세금 132만 원 (4,000만 원 × 3.3%, 기납부세액)이 있습니다. 따라서 세알못 씨는 242만 4,000을 추가로 내야 합니다.

기준경비율 대상
프리랜서 절세 팁은?

장부를 작성한 프리랜서는 실제 거래 내역이 장부에 모두 기록돼 있으니 그걸 바탕으로 비용을 얼마 썼는지를 계산하고 이익을 따져서 세금을 신고할 수 있습니다.

반면 장부를 작성하지 않으면 비용은 얼마를 썼고 그래서 이익이 얼마인지를 정확히 모르기 때문에 대략 추산해야 해야 합니다. 이를 두고 '추계신고'라고 합니다. 추정해서 계산한다는 의미를 지닙니다.

이때 추산을 위해 국세청이 비용으로 인정해주는 일정한 비율을 정해놓고 있는데 이걸 바로 '경비율'이라고 합니다. 과세당국이 정하는 경비율은 업종별로 다르고 사업 규모별로도 다릅니다. 이런 기준에 따라 경비율은 다시 기준경비율과 단순경비율로 나눠서 적용하죠.

기준경비율은 매출에서 매입비용과 사업장 임차료, 직원 인건비 등 주요한 경비는 제외하고 남은 금액 중에서 일부분만 비용으로 인정하는 방법이고, 단순경비율은 그냥 단순하게 전체 매출 중에서 일정 비율만큼을 비용으로 인정하는 방법입니다. 경비율을 적용해 계산된 비용을 뺀 나머지가 소득금액인 거죠.

세알못 그럼 프리랜서 수입금액이 3,600만 원 이상이 되어 기준경비율 적용대상이 되면 어떻게 하는 것이 좋은가요?

택스코디 보통 장부를 쓰지 않은 사업자 중에서 사업 규모가 큰 사업자는 기준경비율을 적용하고, 상대적으로 규모가 작은 사업자나 신규사업자에게는 비교적 계산이 간편하고 높은 비율의 단순경비율을 적용합니다. 장부 없이 경비율을 적용하면 장부작성의 부담도 없고 신고도 간편하다는 장점이 있습니다. 하지만 그렇다고 해서 세금까지 적게 내는 건 아닙니다.

경비율을 적용해 추계신고를 하게 되면 일부 소규모 사업자를 제외하고는 세액의 20%가 가산세로 붙습니다. 이 방식은 별도의 계산 없이 국세청이 정한 기준대로 세금을 추산하는 방식이어서 비용을 많이 쓴 경우에는 장부를 쓰고 정상적으로 비용처리를 하는 게 오히려 세금 부담이 더 낮을 수 있다는 점을 기억해야 합니다.

기준경비율 적용대상자는 내가 지출한 비용에 대해 장부작성을 해야 세금을 적게 낼 수 있습니다. 그런데 삼쩜삼에서는 이런 장부작성을 대신 해주지 않고, 기준경비율을 적용하는 추계신고만 하므로 오히려 세금이 많이 나올 수 있습니다.

장부작성을 하게 되면 프리랜서가 일하면서 쓴 실제 비용(공유오피스 임차료와 노트북·태블릿PC 구매 비용, 차량 구매 감가상각비, 교재 인쇄비용, 아이들 간식 등) 모두를 필요경비로 처리할 수 있습니다.

정리하면 프리랜서가 추계신고 단순경비율 대상자라면 삼쩜삼을 이용해도 상관없고, 기준경비율 대상자라면 추계신고보다 간편장부를 작성해 장부 신고를 하는 것이 유리합니다.

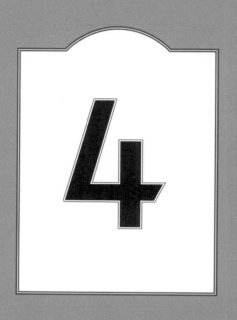

소득세를 줄일 수 있는
소득공제란?

문제 1	식당을 운영 (전년도 소득금액 5천만 원)하는 아버지와 대학원에 다니는 누나와 고등학교에 다니는 동생과 함께 살고 있습니다. 기본공제를 받을 수 있는 금액은 얼마인가요?
문제 2	연간환산 소득금액 100만 원 이하에서 소득은 근로소득과 사업소득만을 말하나요?
문제 3	68세 아버지와 18세 장애인 동생이 있습니다. 추가공제 금액은 얼마인가요?
문제 4	프리랜서도 노란우산공제에 가입 가능한가요? 가입하면 좋은 점은 또 무엇인가요?

이번 장에서는 위에서 말한 문제들에 대한 답을 찾아가는 과정을 통해 '기초공제', '추가공제', 그리고 '특별공제' 등을 스스로 터득해 소득세를 줄일 수 있을 것입니다.

제대로 알자, 인적공제!

소득세를 줄이기 위해서는 과세표준을 줄여야 합니다. 소득세는 누진세 과세 방식이라 과세표준을 줄이는 것이 매우 중요합니다.

- **소득금액 - 소득공제 = 과세표준**

위 계산식에서 알 수 있듯이 과세표준을 줄이기 위해서는 소득공제를 최대한 받아야 합니다. 소득세 계산 시 적용되는 소득공제에는 인적소득공제와 특별소득공제 등이 있습니다. 인적소득공제는 다시 기본공제, 추가공제로 구분됩니다. 프리랜서가 가족을 부양한다는 사실만으로도 세금을 낼 소득에서 일정한 금액을 공제하는 혜택을 받습니다. 국가의 복지부담 일부를 근로자가 부양을 통해 대신한다고 보고, 그 비용부담 일부를 덜어주는 것입니다. 사람에 대한 공제 혜택으로 인적공제, 또는 부양가족공제라고 부르기도 합니다. 간단히 정리하면, 다음과 같습니다.

기본공제	본인, 배우자, 부양가족: 1인당 150만 원
추가공제	• 기본공제 대상에서 경로우대자(70세 이상): 100만 원 • 기본공제 대상에서 장애인: 200만 원 • 부양가족이 있는 독신 여성 세대주: 50만 원 • 한부모 가정: 100만 원

먼저 기본공제는 근로소득으로 생계를 유지하는 가족을 지원하기 위한 목적으로 본인이나 배우자 또는 부양가족에 대해 1인당 150만 원씩 공제가 됩니다. 단, 배우자나 부양가족 (60세 이상의 직계존속, 20세 이하의 직계비속, 재혼한 배우자의 자녀와 동거 입양자, 20세 이하 또는 60세 이상인 형제자매) 중 환산 소득금액이 연간 100만 원 이하인 사람에 대해서만 기본공제를 적용받을 수 있습니다.

참고로 2023년 소득에 대한 신고에서는 1963년 12월 31일 이전에 출생한 경우 60세 요건을 갖춘 것으로 인정되고, 자녀는 2003년 1월 1일 이후에 출생한 경우에 만 20세 이하로 인정됩니다.

세알못 식당을 운영 (전년도 소득금액 5천만 원)하는 아버지와 대학원에 다니는 누나와 고등학교에 다니는 동생과 함께 살고 있습니다. 기본공제를 받을 수 있는 금액은 얼마인가요?

택스코디 부양가족 공제를 받기 위해서는 연간환산 소득금액이 100만 원 이하이고 연령조건을 충족해야 합니다.

먼저 아버지는 소득금액이 100만 원을 초과하므로 부양가족공제 대상에서 제외됩니다. 대학원생 누나도 나이가 20세를 넘어서 제외됩니다. 고등학생 동생은 공제 가능합니다. 따라서 본인 공제 150만 원과 여동생 공제 150만 원을 더해 기본공제 가능 금액은 300만 원입니다.

부양하기 위해서는 같은 집에 살고 있어야 하지만, 부모님(직계존속)의 경우 꼭 함께 살지 않더라도 생활비를 주기적으로 드리면서 부양을 하고 있다면 부양가족으로 인정됩니다. 또한, 배우자나 자녀(직계비속)도 동거 요건을 갖추지 않더라도 부양가족공제 대상이 됩니다.

다만, 형제자매를 부양하는 경우에는 반드시 주민등록상 동거가 확인돼야 공제를 받을 수 있습니다. 물론 형제자매도 취학이나 질병 요양 등을 위한 일시적인 퇴거를 확인할 수 있다면 공제대상이 될 수 있습니다.

세알못 연간환산 소득금액 100만 원 이하에서 소득은 근로소득과 사업소득만을 말하나요?

택스코디 아닙니다. 여기서 소득은 근로소득금액, 사업소득금액, 이자소득금액, 배당소득금액, 연금소득금액, 기타소득금액 등 종합소득금액과 퇴직소득금액과 양도소득금액 등 분류과세하는 소득금액까지를 말합니다. 양도소득도 포함된다는 사실에 주의해야 합니다. 다만 일용직으로 번 돈이나 실업수당, 육아휴직수당, 노인 기초연금 등은 소득으로 보지 않습니다.

세알못 동거하는 가족이 아니더라도 부모에 대한 기본공제를 받을 수 있나요?

택스코디 직계존속은 주민등록표상에 동거 가족으로 등재되지 않더라도 실제 부양을 하고 있으면 공제 가능합니다. 이때 장남, 장녀 또는 차남, 차녀 여부에 상관없이 실제 부양하는 자녀가 부양가족 공제를 받을 수 있습니다.

그리고 과세연도 중에 결혼(사실혼 제외)했다면 과세기간 종료일(12월 31일) 현재 배우자에 해당하므로 배우자의 연간환산 소득금액이 100만 원 이하이면 기본공제 대상에 해당합니다. 반대로 과세연도 중에 이혼한 배우자에 대해서는 기본공제를 적용받을 수 없습니다. 만약 배우자가 과세연도 중에 사망한 경우라면 기본공제를 적용받을 수 있습니다. 단, 소득금액 요건(연간환산 소득금액이 100만 원 이하)을 충족해야 가능합니다.

제대로 알자.
추가공제!

추가공제란 기본공제 대상자이면서 사회적으로 지원이 필요한 계층을 위해 추가로 공제하는 것을 말합니다. 기본공제 대상인 부양가족이 장애인(1인당 200만 원)이거나 만 70세 이상 고령자(1인당 100만 원)이면 추가로 소득공제를 받습니다. 추가공제 항목중 고령자에 대한 경로우대 공제는 70세 이상만 대상이 되는데, 이 역시 2023년 귀속 소득세 신고에서는 1953년 12월 31일 이전 출생자부터 대상입니다.

또, 연 소득 3,000만 원 이하이면서 배우자 없이 부양 자녀가 있는 여성 세대주는 50만 원을, 배우자 없이 부양 자녀가 있는 한부모 가정은 100만 원을 공제받을 수 있습니다. 단 부녀자와 한부모 공제의 중복 적용은 불가능합니다.

세알못   68세 아버지와 18세 장애인 동생이 있습니다. 추가공제 금액은 얼마인가요?

택스코디   먼저 아버지는 70세가 되지 않았으므로 추가공제 대상이 아닙니다. 그러나 동생은 장애인 공제 200만 원을 받을 수 있습니다. 참고로 장애인이라 하더라도 소득금액이 100만 원을 넘으면 추가공제를 받을 수 없습니다. 이때 나이 요건은 따로 없습니다. 참고로 장애인에는 중증환자 (상시 치료 중이라 취학, 취업이 곤란한 환자로서 의사의 소득공제용 장애인 증명서를 제출)도 포함됩니다.

세알못   그럼 치매 환자인 아버님도 장애인 추가공제를 받을 수 있다는 말인가요?

택스코디   다시 말하지만, 장애인 추가공제 대상자에는 장애인복지법상 장애인뿐 아니라 치매, 당뇨 등을 앓고 있는 중증환자도 포함합니다. 단, 추가공제를 받으려면 의료기관으로부터 소득세법에서 정한 장애인 증명서를 발급받아 제출해야 합니다.

다시 강조하지만, 소득세 신고 시 놓치기 쉬운 공제항목 중 대표적인 것이 바로 인적공제입니다. 구체적으로 장인·장모와 시부모 등 배우자의 직계존속, 그리고 형제자매를 빠트리는 경우가 가장 많습니다. 프리랜서 본인의 직계존속은 물론 배우자의 직계존속, 그리고 배우자의 형제자매도 요건만 충족하면 공제대상이 된다는 점을 기억하고 과거 공제신고서를 다시 확인해 볼 필요가 있습니다.

특히 장애인의 경우 나이를 불문하고 공제대상이 되며, 장애등급이 없더라도 암, 중풍, 만성 신부전증, 백혈병, 고엽제 후유증, 인공호흡기 치료환자 등 중증환자의 경우 의료기관에서 증빙을 받아 제출하면 장애인 공제를 받을 수 있습니다.

소득이 있는 부양가족도 연간 100만 원(근로소득만 있다면 500만 원)이 넘지 않으면 공제대상이 된다는 점도 확인해 봐야 합니다. 다음 표를 참고합시다.

인적공제 구분	가족 구분	요건	공제금액
기본공제	본인	없음	1인당 150만 원
	배우자	연간환산소득금액 100만 원 이하	
	직계존속	만 60세 이상, 연간환산소득금액 100만 원 이하	
	직계비속	만 20세 이하, 연간환산소득금액 100만 원 이하	
	형제자매	만 20세 이하 만 60세 이상, 연간환산소득금액 100만 원 이하	
추가공제	경로자	기본공제대상자 중 만 70세 이상	100만 원
	장애인	기본공제대상자 중 장애인	200만 원
	부녀자	배우자 없이 부양 자녀가 있는 세대주, 소득금액 3,000만 원 이하	50만 원
	한부모	배우자 없이 부양 자녀가 있는 경우	100만 원

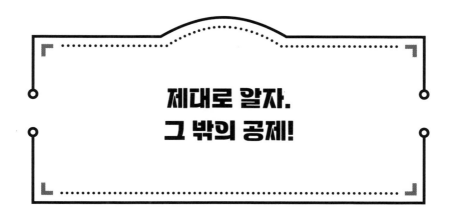

제대로 알자,
그 밖의 공제!

종합소득세를 줄이려면 받을 수 있는 소득공제와 세액공제 항목을 꼼꼼히 확인해야 합니다. 공제할 수 있는 것은 모두 빼서 최대한 소득을 줄이는 것이 절세의 핵심이기 때문이죠.

거주자가 국민연금, 특수직 연금(공무원, 군인, 사학·우체국직원연금)에 직접 납입한 보험료는 불입액 전액이 공제됩니다. 또 소기업·소상공인 공제부금에 납입하면 노란우산공제(소득 수준에 따라 200만 원~500만 원)를 공제받아 소득세를 줄일 수 있습니다. 공제금액은 월 5만 원에서 100만 원까지로 자유롭게 납입하면 되고, 연간 소득공제 한도는 500만 원입니다. 다음 표를 참고합시다.

특별공제 구분	공제금액
연금보험료	연금보험료 납부액 전액
소기업·소상공인 공제부금	사업소득금액 4,000만 원 이하: 500만 원 사업소득금액 4,000만 원 초과~1억 원 이하: 300만 원 사업소득금액 1억 원 초과: 200만 원

노란우산공제는 소기업이나 소상공인이 폐업이나 노후에 대비할 수 있도록 만든 공제제도입니다. 직장인에게는 퇴직금이 있지만, 자영업자들에게는 퇴직금이라는 개념이 없으므로, 매월 일정한 부금을 붓고 훗날 경영적 어려움이 생겼을 때 재기 자금으로 사용할 수 있도록 하는 적금 개념이라고 보면 됩니다. 다시 말해 소득공제 항목 중 소기업·소상공인 부금공제 항목으로 들어가는 노란우산공제는 폐업 시의 최소한의 생계비 마련 및 사업소득을 공제받아 세금을 절세할 수 있는 제도다.

세알못 프리랜서도 노란우산공제에 가입 가능한가요? 가입하면 좋은 점은 또 무엇인가요?

택스코디 사업자등록을 하지 않은 프리랜서도 가입 가능합니다. 가입하려면 '무등록 소상공인' 관련 서류를 제출해야 하고, 거주자의 사업소득 원천징수 영수증 2개월분 증빙이 필요합니다.

프리랜서는 보장받을 수 있는 혜택이 별로 없으므로 노란우산공제가 더 유용하게 쓰일 수 있습니다. 다음 표를 참고합시다.

소득공제	연 500만 원 한도로 소득공제를 받을 수 있습니다.
목돈 마련	노란우산공제 주된 목표가 목돈 마련입니다. 불입한 원금 전액이 적립되며, 그에 대한 복리 이자가 적용됩니다.
대출 용이	프리랜서 가장 큰 취약점은 은행 대출이 어렵다는 것입니다. 그 이유는 소득이 불규칙해서인데, 노란우산공제에 가입하면 공제 계약 대출을 통해 임의 예약 환급금의 90% 이내에서 저리 대출이 가능합니다. 단, 공제금 납부 연체가 없어야 합니다.
무료 상해보험 가입	상해로 인해 사망하거나 후유 장애가 발생하면 중소기업중앙회에서 2년 동안 최대 월부금액의 150배까지 보험금을 지급합니다.
공제금 수급권 보호	공제금은 법률에 따라 압류, 양도, 담보 제공 등이 불가합니다. 따라서 노란우산공제에 가입한 프리랜서는 추후 자금문제가 생기더라도 노란우산공제를 통해 생활이 안정되고 사업 재기를 위한 자금 활용이 가능합니다.

참고로 각 지방자치단체로부터 추가적인 지원을 받을 수 있습니다. 각 지방자치단체에서는 자영업자 등의 생활 안정 및 사회안전망 확충을 위해 일부 노란우산공제 가입자에게 희망장려금을 1년간 지원합니다. 상시 종업원 수 10명 미만(광업, 제조업, 건설업, 운수업) 또는 5명 미만(그 밖의 업종)의 소상공인이 그 대상입니다. 다음 표를 참고합시다.

▶ **노란우산공제 희망장려금 지자체별 지원금액**

지자체	지원 대상(연 매출)	지원 금액(매월)	최대 지원 금액(1년)
서울시	2억 원 이하	2만 원	24만 원
부산시	3억 원 이하	2만 원	24만 원
대구시			
인천시			
광주시			
대전시		3만 원	36만 원
울산시		1만 원	12만 원
세종시		2만 원	24만 원
경기도		1만 원	12만 원
충청남도			
경상북도		2만 원	24만 원
제주도			
전남 내 시, 군			
경남 내 시, 군			
강원 내 시, 군		1만 원	12만 원
충북 내 시. 군			
전북 내 시. 군			

5

소득세를 줄일 수 있는
세액공제란?

문제 1	3자녀(24세, 11세, 4세)가 있고, 2023년에 자녀 1명을 입양했습니다. 세액공제 금액은 얼마인가요?
문제 2	2자녀(15세, 5세)가 있고, 2023년에 쌍둥이로 셋째와 넷째를 출산했습니다. 세액공제 금액은 얼마인가요?
문제 3	배우자나 가족 명의로 가입된 연금계좌에 납입한 금액도 세액공제가 되나요?

이번 장에서는 위에서 말한 문제들에 대한 답을 찾아가는 과정을 통해 '자녀 세액공제', '연금계좌 세액공제', 그리고 '표준세액공제' 등을 스스로 터득해 소득세를 줄일 수 있을 것입니다.

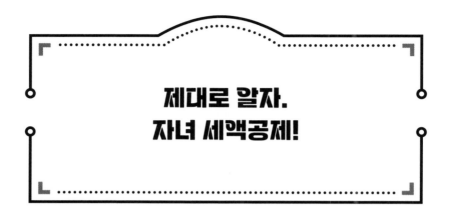

제대로 알자,
자녀 세액공제!

앞장에서 말한 소득공제는 과세대상이 되는 소득금액에서 일정 금액을 공제하는 것을 뜻합니다. 즉, 세금을 매기기 전 소득에서 공제 가능한 금액을 제하는 겁니다.

한편 세액공제는 소득공제를 거친 과세표준에 소득세율을 적용해 나온 세액 중에서 공제항목에 해당하는 세금을 아예 빼주는 것을 말합니다. 한마디로 소득공제와 세액공제는 세금을 매기기 전 소득에서 공제하느냐, 산출된 세액에서 세금을 빼주느냐 차이입니다.

세액공제를 많이 받으면 세금은 줄어듭니다. 챙겨야 할 항목들이 많아 조금 어렵게 보일 수 있으나 기본 구조를 이해하고 활용하면 그만큼 세금은 줄어들게 됩니다.

대표적인 세액공제는 '자녀 세액공제'입니다. 종합소득이 있는 거주자의 기본공제대상자에 해당하는 자녀(입양자 및 위탁 아동을 포함)와 손자녀로서 만 8세 이상의 자녀에 대해서는 자녀 수에 따라 자녀가 1명이면 15만 원, 2명이면 35만 원(15만 원 + 20만 원)을, 3명 이상부터는 1인당 30만 원이 공제됩니다. 만 7세까지는 아동수당을 받으므로 자녀 세액공제 대상에서는 제외됩니다. 기준 시기는 해당 과세기간 동안 해당 나이에 해당하는 날이 하루라도 있으면 공제대상자로 포함합니다. (2022년 귀속 소득까지만 해도 손녀와 손자는 대상에서 제외됐는데, 2023년 귀속 소득부터는 손자녀도 대상에 포함됐습니다. 2024년 시행되는 소득세 신고부터 손자녀도 포함된다는 뜻입니다.) 다음 표를 참고합시다.

▶ 자녀 수에 따른 공제금액

자녀 수	공제금액
1명	연 15만 원
2명	연 35만 원
3명 이상	연 35만 원 + 2명을 초과하는 1명당 연 30만 원을 합한 금액

세알못　3자녀(24세, 11세, 4세)가 있습니다. 자녀 세액공제 금액은 얼마인가요?

택스코디　10세 자녀 1명만 기본세액공제 15만 원을 적용받을 수 있습니다.

그리고 해당 과세기간에 출산하거나 입양 신고한 공제대상 자녀가 있다면, 다음 구분에 따른 금액을 종합소득 산출세액에서 공제합니다.

구분	공제금액
공제대상 자녀가 첫째인 경우	연 30만 원
공제대상 자녀가 둘째인 경우	연 50만 원
공제대상 자녀가 셋째 이상인 경우	연 70만 원

세알못　3자녀(24세, 11세, 4세)가 있고, 2023년에 자녀 1명을 입양했습니다. 세액공제 금액은 얼마인가요?

택스코디　총금액은 85만 원입니다. 구체적 내용은 다음과 같습니다.

기본공제	10세 자녀 1명 - 15만원
출산·입양 공제	70만 원(넷째)
합계	85만 원

세알못　2자녀(15세, 5세)가 있고, 2023년에 쌍둥이로 셋째와 넷째를 출산했습니다. 세액공제 금액은 얼마인가요?

택스코디　총금액은 155만 원입니다. 구체적 내용은 다음과 같습니다.

기본공제	15세 자녀 1명 - 15만원
출산·입양 공제	셋째(70만 원) + 넷째(70만 원) = 140만 원
합계	155만 원

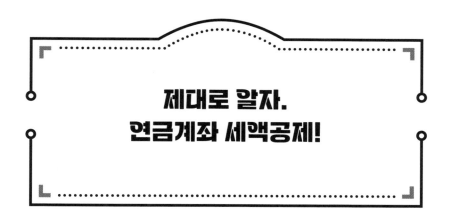

제대로 알자,
연금계좌 세액공제!

연금저축과 개인형퇴직연금(IRP)에 저축하는 금액도 소득세 계산 시 세액공제를 받습니다. 둘 다 노후를 대비하기 위한 연금의 일종입니다. 연금은 젊을 때 번 돈을 알뜰히 저축했다가 그 돈을 나이 들어 쓸 수 있게 한 상품입니다. 연금계좌에 모아둔 돈을 채권, 예·적금, 펀드 등 각종 금융상품에 투자해 수익이 나면 은퇴 후 받는 노후자금이 늘게 됩니다. 공적연금인 국민연금이 있기는 하지만, 개인이 필요에 따라 추가로 가입할 수 있는 게 연금저축과 개인형 퇴직연금(IRP)입니다.

프리랜서도 가입 가능한 개인형 퇴직연금(IRP)은 오롯이 내 돈으로만 붓는 퇴직연금입니다. 여기에 적금 붓듯이 돈을 넣으면 1년에 최대 900만 원을 16.5%(지방소득세 포함)만큼 세액공제 해줍니다. 종합소득금액 4천만 원을 초과하면 공제율이 13.2%로 낮아집니다. 쉽게 말해, 소득금액 4천만 원 이하인 프리랜서가 개인형 퇴직연금(IRP)에 1년에 900만 원을 넣으면, 지방소득세를 포함해 148만5천 원의 세금을 깎아준다는 말입니다.

연금저축도 개인형 퇴직연금(IRP)과 비슷합니다. 다만 개인형 퇴직연금(IRP)과 달리 연금저축은 2018년부터 은행 가입이 안 됩니다. 증권사에서 연금저축 계좌를 만들어 펀드나 상장지수펀드(ETF)에 투자할 수 있고, 보험사에서 연금저축보험 상품에 가입할 수도 있습니다. 연금저축보험은 매달 정해진 돈을 꼬박꼬박 납입해야 합니다. 증권사 연금저축 계좌는 넣고 싶을 때 넣고 싶은 만큼만 넣을 수 있습니다. 개인형 퇴직연금(IRP)과 연금저축 둘 다 가입한 경우라면 연금저축 600만 원에, 추가로 개인형 퇴직연금(IRP) 납입액 300만 원, 총 900만 원이 세액공제 대상입니다.

▶ **연금저축 및 개인형 퇴직연금(IRP) 공제 한도 및 공제율**

	연금저축·IRP 공제율	연금저축 공제 한도	IRP 공제 한도	최대 세액공제액
종합소득금액 4천만 원 이하	16.5% (지방소득세 포함)	600만 원	(연금저축과 합해) 900만 원	1,485,000원
종합소득금액 4천만 원 초과	13.2% (지방소득세 포함)			1,188,000원

둘 다 노후자금을 모으는 상품이라 한 번 넣은 돈은 특별한 경우가 아니면 55살 전에 출금할 수 없습니다. 중간에 돈을 빼려면 계좌를 해지하거나 연말정산 때 깎아준 세금을 토해내야 합니다. 그래서 매달 납입할 계획이라면 55살까지 유지할 수 있을 정도만 하는 게 좋습니다. 매달 넣

기 부담스럽다면 여력이 될 때만 넣는 것도 가능합니다. 참고로 연말에 일시납으로 900만 원을 납입하는 것도 가능합니다.

세알못 배우자나 가족 명의로 가입된 연금계좌에 납입한 금액도 세액공제가 되나요?

택스코디 연금계좌 세액공제는 프리랜서 본인 명의일 때만 공제 가능합니다. 배우자나 기본공제대상인 부양가족 명의의 연금계좌는 공제대상이 아닙니다.

세알못 지난해 연금저축을 중도 해지했는데, 세액공제 받을 수 있나요?

택스코디 연금계좌를 중도해지하는 경우, 해지한 연도의 납입액은 소득세 신고 시 연금계좌 세액공제를 받을 수 없습니다.

세알못 중도해지하는 경우 세금 부담은 얼마나 되나요?

택스코디 중도해지하는 경우에는 그동안 연금계좌 불입액과 연금계좌 세액공제를 받은 금액에 대해 기타소득으로 보고 15% 세율로 소득세를 원천징수합니다. 이때 분리과세로 과세가 끝나기 때문에 추후 종합소득과 합산해서 종합소득세를 부과하지는 않습니다. 다만, 중도해지의 사유가 천재지변, 사망, 해외 이주, 질병, 파산, 연금계좌 취급자의 영업정지 등 불가피한 사유에 해당하면 중도해지의 수령액도 연금소득으로 봅니다. 연금소득은 기타소득보다 낮은 3~5%의 원천징수세율로 원천징수되고, 과세가 종결됩니다.

제대로 알자, 세액공제!

지금까지 배운 세액공제 내용을 정리하면 다음 표와 같습니다.

구분	공제내용
자녀 세액공제	기본공제대상자 자녀 중 만 8세 이상 자녀가 1명이면 15만 원, 2명이면 35만 원(15만 원 + 20만 원)을, 3명 이상부터는 1인당 30만
연금계좌 세액공제	퇴직연금·연금저축 납액입의 12% (총급여액 5,500만 원 이하는 15%)
기장 세액공제	간편장부대상자가 복식부기로 기장·신고하는 경우 산출세액의 20%, 100만 원 한도
전자신고 세액공제	세무대리인이 아닌 납세자가 직접 전자신고 시 2만 원 공제
표준세액공제	특별세액공제를 신청하지 않은 사업소득자 7만 원

세알못 기장세액공제는 무엇인가요?

택스코디 매출이 적은 간편장부대상자가 복식부기 방식으로 기장·신고
한다면 다음과 같이 100만 원 한도로 20%의 세금을 줄일 수
있으니, 해당이 되면 기장세액공제도 꼭 챙기도록 합시다.

• 기장세액공제 = 산출세액 × 20%

참고로 위 표에서 말하는 표준세액공제란 특별세액공제 (보험료, 의료
비, 교육비, 기부금)를 신청하지 않은 근로소득자 직장인은 13만 원, 근로
소득이 없는 거주자로서 종합소득이 있는 사람, 즉 프리랜서에 대해서는
연 7만 원을 종합소득세 산출세액에서 공제하는 제도를 말합니다.

세알못 프리랜서는 기부금 세액공제는 받을 수 없나요?

택스코디 프리랜서 소득은 사업소득이므로 기부금은 원칙적으로 필요
경비로 처리합니다. 사업소득 외 소득이 있는 경우에는 필요경
비와 세액공제 중 선택할 수 있습니다. 단 정치자금 기부금은
10만 원까지 100/110만큼 세액공제 되고, 초과금은 필요경비
로 처리하면 됩니다.

소득세 구조를 알면
절세가 보인다

문제 1	헷갈리는 용어가 있습니다. 수입금액과 소득금액은 다른 의미인가요?
문제 2	프리랜서 강사입니다. 종합소득세는 어떻게 계산하나요?
문제 3	과세표준이 6천만 원일 때, 소득세를 계산하면 얼마인가요?

이번 장에서는 위에서 말한 문제들에 대한 답을 찾아가는 과정을 통해 '소득과 소득금액의 이해', '소득세 계산 매커니즘', 그리고 '누진세율의 이해' 등을 스스로 터득해 소득세를 줄일 수 있을 것입니다.

수입금액과 소득금액을 이해하자

급여만으로 생활하는 직장인들은 연말정산을 했기 때문에 종합소득세 신고를 하지 않지만, 추가 수입이 있거나 사업소득 등이 있는 프리랜서 들은 매년 5월에 종합소득세 신고를 해야 합니다. 소득세를 잘 몰라 세 무대리를 맡긴다고 하더라도 세금과 관련한 책임이 사라지는 것은 아닙 니다. 세무대리인을 고용하더라도 결국 세금 신고와 납부의 최종 책임 은 프리랜서 본인이 져야 하기 때문이죠.

세알못　프리랜서입니다. 소득세 신고는 어떻게 하나요?

택스코디　신고방법은 다양합니다. 다음과 같습니다.

① 홈택스 홈페이지나 손택스 앱을 이용해 전자신고

② 관할 세무서에 직접 가서 접수

③ 세무대리인을 통해 신고

세알못 헷갈리는 용어가 있습니다. 수입금액과 소득금액은 다른 의미인가요?

택스코디 소득세를 계산하기 위해서는 먼저 수입금액과 소득금액의 개념부터 알아야 합니다. 수입금액은 다른 말로 소득이라고 합니다. 즉 소득과 소득금액은 다른 의미의 말입니다.

수입금액이란 판매금액 또는 매출액과 같은 개념입니다. 직장인이라면 총급여를 말합니다. 한마디로 세금을 떼기 전의 금액을 말합니다. 사업자라면 판매금액에서 재료비, 인건비 등 각종 비용을 공제하고 남은 금액을 소득금액이라고 합니다. 다음 표를 참고합시다.

번 돈	- 벌기 위해 쓴 돈	= 남은 돈
수입금액(소득)	- 필요경비	= 소득금액

소득세 과세표준을 구하기 위해서는 여섯 가지 소득의 항목을 각각 계산해야 하는데, 항목마다 공제되는 내용이 다릅니다. 기본 구조를 이해하면 종합소득세를 계산하는 것은 생각만큼 어려운 일은 아닙니다. 종합소득 과세표준은 다음 6가지 소득금액을 합산한 것입니다.

이자소득금액	이자소득
배당소득금액	배당소득 + 배당가산액
사업소득금액	사업소득 - 필요경비
근로소득금액	근로소득 - 근로소득공제
연금소득금액	연금소득 - 연금소득공제
기타소득금액	기타소득 - 필요경비

이 소득금액에서 4장에서 배운 소득공제를 적용한 과세표준에 세율을 곱하는 것이므로 이익이 나면 세금을 내게 되고 손해가 나면 세금이 없는 것입니다. 가령 사업자가 아무리 판매를 많이 했어도 재료비 지급하고 월세 내고 종업원 월급 주고 나서 남는 게 없으면 세금이 없는 것과 같이, 직장인도 급여에서 각종 소득공제를 해서 남은 금액인 소득금액에 세율을 곱해 세금을 계산한 후 법에서 정한 세액공제를 빼고 남은 세금이 없으면 세금을 내지 않아도 되는 것입니다.

그래서 우리나라 개인사업자, 직장인, 또는 프리랜서가 분명히 수입이 있는데도 약 40% 정도가 세금을 내지 않는다고 하는 것은 급여 등에서 이런 각종 공제와 세액공제를 받아 세금이 나오지 않아서입니다.

소득세 계산 구조 한눈에 정리하자

일반적으로 세무대리 용역을 이용하고 있어 충분한 준비가 된 개인사업자와는 달리 3.3%를 원천징수하고 대가를 받는 프리랜서들은 종합소득세가 무엇인지, 언제, 어떻게 신고하는 것인지, 신고하지 않아도 문제가 없는지 등을 반드시 알아야 합니다.

세알못 프리랜서 강사입니다. 종합소득세는 어떻게 계산하나요?

택스코디 종합소득세는 종합소득 금액에서 기본공제나 추가공제를 포함한 다양한 소득공제로 공제금액을 제하고 나온 종합소득 과세표준에 세율을 곱해 세액을 산출합니다. 이렇게 나온 세액을 산출세액이라고 합니다. 여기서 끝이 아닙니다. 산출세액에 앞장에서 배운 자녀 세액공제, 특별세액공제, 기장 세액공제, 등의 제도로 세액을 낮출 수 있습니다. 다음 표를 참고합시다.

구분	내용	비고
소득금액	종합소득금액	이자소득 등 합산
- 소득공제	종합소득공제	기본공제, 추가공제 등
× 세율	기본세율 (6 ~ 45%)	산출세액 결정
- 세액공제 , 세액감면	기장세액공제 , 특별세액공제 등	납부세액 결정

앞장에서 본 6가지 소득금액을 합산했으면 이제 소득공제를 받을 차례입니다. 기본공제, 추가공제, 특별공제 등 각자 상황에 맞게 소득공제를 받고 나면 다음과 같이 과세표준이 결정됩니다.

- **과세표준 = 종합소득금액 - 소득공제**

다음과 같이 계산된 과세표준에 세율을 곱하면 산출세액이 나옵니다.

- **산출세액 = 과세표준 × 세율**

산출세액에서 다시 각종 세액공제 항목을 뺍니다. 그런데 신고를 불성실하게 했거나 제대로 내지 않는 등의 문제가 있으면 가산세가 붙는데 이를 더하면 다음과 같이 결정세액이 계산됩니다.

- **결정세액 = 산출세액 - 세액공제 + 가산세**

이렇게 계산된 결정세액과 미리 낸 원천징수세액 또는 중간예납액 등을 비교해 환급을 받을지 또는 더 내야 할지가 결정됩니다. 챙겨야 할 항목들이 많아 조금 어렵게 보일 수 있으나 기본 구조를 이해하고 활용하면 그만큼 세금은 줄어들게 됩니다.

누진세율이란?

누진세율이란 소득금액이 높을수록 적용되는 세율이 높아지는 세율 체계입니다. 소득세 절세는 이런 누진세율을 이해하는 것부터 그 출발점이 되며, 한 사람의 바구니에 담기는 소득이 높을수록 세금도 많아지므로 소득의 분산이 절세의 답이 되기도 합니다. 다시 말해 누진세율이란 소득이 증가하면 적용되는 세율도 높아지는 세율입니다. 돈을 2배 더 벌어서 세금이 2배 더 나오는 것은 누진세율이 아닌 비례세율입니다. 반면 누진세율이란 소득이 2배가 되었을 때 세금은 2배보다 더 커지도록 적용되는 세율이며, 초과누진세란 소득이 증가하면 적용되는 세율이 저율에서 고율로 단계적으로 점점 증가하는 세율입니다.

예를 들어 과세표준이 1,400만 원이면 소득세는 84만 원(1,400만 원 × 6%)입니다. 하지만 과세표준이 2배가 되는 2,800만 원이 되면, 소득세도

2배인 168만 원이 아닌, 2배 이상인 294만 원이 되도록 적용되는 세율입니다.

우리나라는 개인소득세에 초과누진세율을 적용하고 있으며, 소득재분배 기능과 경기 안정 기능을 중요시할수록 초과누진세율이 높아지게 됩니다. 다음 표를 참고합시다.

▶ 종합소득세 누진공제표

과세표준	세율	누진공제액
1,400만 원 이하	6%	
1,400만 원~5,000만 원 이하	15%	126만 원
5,000만 원~8,800만 원 이하	24%	576만 원
8,800만 원~1억 5천만 원 이하	35%	1,544만 원
1억 5천만 원~3억 원 이하	38%	1,994만 원
3억 원~5억 원 이하	40%	2,594만 원
5억 원~10억 원 이하	42%	3,594만 원
10억 원 초과	45%	6,594만 원

세알못 과세표준이 6천만 원일 때, 소득세를 계산하면 얼마인가요?

택스코디 소득세는 '과세표준 × 세율', 이 공식으로 계산됩니다. (계산 편의상 세액공제는 생략합니다.) 다음 2가지 방식으로 계산 가능합니다. 계산 결과는 같으며, 실무적으로는 2번 방법을 사용합니다.

계산 방식	소득세
1. 구간별 합산	1,400만 원 × 6% + (5,000만 원 - 1,400만 원) × 15% + (6,000만 원 - 5,000만 원) × 24% = 864만 원
2. 누진공제 방식	6,000만 원 × 24% - 576만 원(누진공제액) = 864만 원

프리랜서 소득 80%가
비과세라고?

문제 1	필요경비란 프리랜서가 돈을 벌기 위해 지출한 경비를 말하는 것이죠? 그렇다면 이것을 어떤 방식으로 증명하나요?
문제 2	한 해 수입이 3,600만 원에 못 미치는 영세 배달 기사(라이더), 학습지 강사, 대리운전 기사 등 특수형태근로종사자(특고)나 프리랜서들은 소득의 최대 80%까지 비과세 혜택을 받을 수 있게 됐다는 신문 기사를 봤습니다.
문제 3	전업 배달 라이더로 일하고 있습니다. 올해 소득이 높아져 내년 소득세 신고 때는 기준경비율 적용대상이 될 것 같습니다. 이렇게 계속 장부작성을 안 해도 되나요?
문제 4	프리랜서 학원 강사로 활동 중입니다. 현재 미혼입니다. 2022년 수입금액은 2,300만 원이고, 2023년 신고된 수입금액은 3,000만 원입니다. 소득세가 얼마나 나올까요?

이번 장에서는 위에서 말한 문제들에 대한 답을 찾아가는 과정을 통해 '프리랜서 필요경비 계산법', '추계신고 이해', 그리고 '경비율 적용 프리랜서 소득세 계산법' 등을 스스로 터득해 소득세를 줄일 수 있을 것입니다.

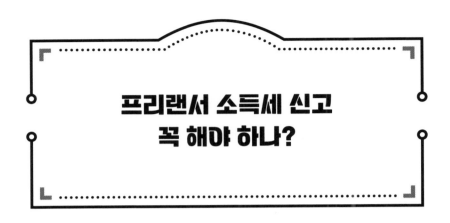

프리랜서 소득세 신고 꼭 해야 하나?

세알못 프리랜서입니다. 소득세 신고 꼭 해야 하나요?

택스코디 프리랜서 소득세 신고를 간단히 정리하면, 미리 떼였던 기납부세액 3%와 결정세액을 정산하는 과정이라고 이해하면 됩니다. 직장인의 연말정산과 같은 것을 5월에 한다고 생각하면 됩니다. 따라서 소득세 신고를 하지 않으면 환급세액이 발생하더라도 환급을 못 받게 되고, 반대로 납부세액이 발생할 때는 추후 납부세액의 추징은 물론, 무신고가산세와 납부지연에 따른 납부불성실가산세까지 추가로 부담해야 하므로 꼭 신고해야 합니다.

세법에서는 프리랜서를 '인적용역 사업자'로 봅니다. 그러므로 소득

역시 사업소득으로 신고해야 합니다. 사업소득은 연간 총수입금액에서 필요경비를 차감한 후의 금액으로 계산하는데 프리랜서에게 '총 수입금액 = 3.3%를 제하기 전의 금액을 연 단위로 합산한 금액'입니다. 그렇다면 계산해야 할 사업소득에서 총수입금액은 확정됐고, 다음처럼 필요경비만 확정된다면 사업소득금액을 계산할 수 있습니다.

· 사업소득금액 = 수입금액 - 필요경비

세알못　필요경비란 프리랜서가 돈을 벌기 위해 지출한 경비를 말하는 것이죠? 그렇다면 이것을 어떤 방식으로 증명하나요?

택스코디　프리랜서 필요경비는 원칙적으로 장부를 작성해서 필요경비를 인정받아야 합니다. 프리랜서가 이익 창출을 위해 사업과 관련해 지출한 경비, 즉 업무와 관련 미팅할 때 지출하는 비용이나 거래처 경조사비, 출장을 위한 교통비, 업무를 위한 사무용품비 등 실제 영위하는 사업과 직접 관련이 있는 비용들은 모두 필요경비로 처리할 수 있습니다. 다만 사적으로 발생한 식비나 주거비용 등 사업과 직접 관련이 없거나, 업무영역과 구분할 수 없는 경우에는 필요경비로 보기 힘듭니다. 또 필요경비로 처리하려면 세법상 증빙(세금계산서, 계산서, 현금영수증, 신용카드 매출전표 등)은 반드시 구비해야 합니다.

한편 일정 수입금액 이하 프리랜서라면 국세청에서 업종코드별로 고시한 경비율만큼만을 필요경비로 인정받을 수 있습니다. 신규사업자 여부나 직전 연도 수입금액, 대상 연도 수입금액에 따라 적용하는 경비율은 각기 다를 수 있지만, 적어도 그 경비율에 해당하는 금액들은 모두 필요경비로 인정받을 수 있습니다. 경비율은 홈택스에서 조회 가능합니다.

세알못 일정 수입금액이라면 얼마를 말하는 건가요?

택스코디 먼저 장부를 꼭 써야 하는 프리랜서가 있습니다. 심지어 복식부기로 장부작성을 해야 해서 복식부기의무자라고 부릅니다.

대부분 프리랜서는 소득세만 신경 쓰면 되는데, 12월까지 세금 대비를 전혀 하지 않다가 5월 종합소득세 신고기한이 다가와서 갑자기 챙기려면 세금 부담이 커질 수밖에 없습니다. 특히 연간 7,500만 원 이상의 고소득 프리랜서들은 복식부기의무자로 분류되고, 불성실 신고에 대한 부담도 크기 때문에 세무대리인을 통해 매월 관리를 받으면서 증빙을 챙기는 것이 좋습니다.

세알못 그럼 수입금액 7,500만 원 미만 프리랜서는 복식부기의무자가 아닌 건가요? 그럼 장부작성을 안 해도 되는 건가요?

택스코디 수입금액 7,500만 원 미만 프리랜서는 간편장부대상자로 분류하고, 수입금액 3,600만 원 미만의 프리랜서라면 추계신고 단순경비율 대상자로 다시 분류됩니다. 참고로 수입금액 3,600만 원 ~ 7,500만 원 미만 프리랜서는 추계신고 기준경비율 대상자로 분류됩니다.

다시 말해 수입금액 7,500만 원 미만 프리랜서라면, 장부신고 또는 추계신고 두 방법 중 본인에게 유리한 쪽으로 선택해 신고할 수 있습니다. 다음 표를 참고합시다.

업종명		기장의무에 따른 구분		추계신고 경비율	
		복식부기 의무자	간편장부 대상자	기준경비율 적용	단순경비율 적용
유튜버	미디어콘텐츠 창작업 (개인사업자)	1억5천만 원 이상	1억5천만 원 미만	3천6백만 원 이상	3천6백만 원 미만
	1인미디어콘텐츠 창작자 (프리랜서)	7천5백만 원 이상	7천5백만 원 미만	3천6백만 원 이상	3천6백만 원 미만

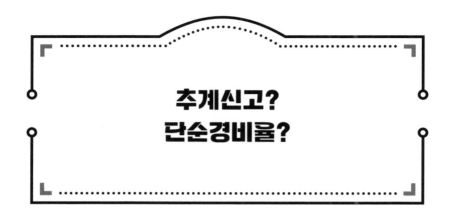

추계신고?
단순경비율?

세알못　한 해 수입이 3,600만 원에 못 미치는 영세 배달 기사(라이더),
학습지 강사, 대리운전 기사 등 특수형태근로종사자(특고)나
프리랜서들은 소득의 최대 80%까지 비과세 혜택을 받을 수
있게 됐다는 신문 기사를 봤습니다.

택스코디　2023년 소득세법 시행령이 개정돼, 프리랜서(인적용역 사
업자) 단순경비율 적용기준을 연 수입 2,400만 원 미만에서
3,600만 원 미만으로 상향됐습니다. (참고로 단순경비율은 경
비 장부를 작성할 여력이 없는 소규모 사업자를 대상으로 소득
의 일정 비율을 경비로 간주해주는 제도입니다.)

가령 프리랜서 A 씨 연 수입이 2,000만 원이고 해당 업종의 단순경비율이 80%라면 소득 가운데 1,600만 원(수입금액 × 단순경비율 = 2,000만 원 × 80%)은 경비로 지출했다고 보고 과세대상 소득에서 빼주는 식입니다. 이 경우 해당 사업자는 경비로 간주한 1,600만 원에 대해 세금을 내지 않아도 되며, 경비를 제외한 소득금액 400만 원에 추가로 각종 소득공제를 적용받아 소득세 과세표준을 구하는 식입니다.

단순경비율은 업종별로 다르게 책정됩니다. 예를 들어 음식 배달을 비롯한 퀵서비스 배달은 단순경비율이 79.4%에 달합니다. 다시 말해 영세 배달 라이더들이 벌어들이는 소득의 80%가량은 비과세라고 해석할 수도 있습니다. 이외 학습지 강사는 75.0%, 대리운전 기사는 73.7% 등입니다. 다음 표를 참고합시다.

▶ 업종별 경비율 예시

업종명	기준경비율	단순경비율
SNS 마켓	5.9%	86%
1인 미디어 콘텐츠 창작자	15.1%	64.1%
번역 및 통역	26.6%	77.5%
음료품 배달원	28.7%	80%
퀵서비스 배달원	27.4%	79.4%
학습지 방문강사	22%	75%

2023년부터 단순경비율이 적용되는 프리랜서 소득세 신고가 더 쉬워졌습니다. 국세청에서 종합소득세 신고 안내문을 발송하면서, 안내문을

받은 해당자는 ARS 전화 한 통(1544-9944)으로 간편하게 신고할 수 있기 때문입니다. 안내문이 발송된 대상은 단순경비율이 적용되는 소규모 사업자(또는 프리랜서), 사업소득이 아닌 다른 소득(근로·연금·기타소득)이 발생한 납세자입니다. 해당 안내문을 받았다면 국세청에서 미리 환급세액이나 납부세액을 계산해 서비스를 제공하니 특별하게 처리해야 할 것 없이 전화 한 통만 하면 소득세 신고가 완료됩니다.

세알못 전업 배달 라이더로 일하고 있습니다. 올해 소득이 높아져 내년 소득세 신고 때는 기준경비율 적용대상이 될 것 같습니다. 이렇게 계속 장부작성을 안 해도 되나요?

택스코디 기준경비율을 적용하면 비용 처리되는 비율이 낮아 세금을 낼 때 불리합니다. 이럴 때는 장부를 작성(수입금액 7,500만 원 미만은 간편장부 작성)해 일하면서 사용한 비용을 반영하는 것이 대부분 유리합니다.

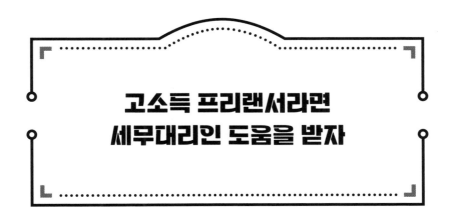

고소득 프리랜서라면
세무대리인 도움을 받자

원천징수로 떼인 세금을 연 단위로 정산하는 과정이 직장인과 비슷하지만, 프리랜서의 사업소득과 직장인의 근로소득 차이는 큽니다.

먼저 원천징수 시기가 다릅니다. 직장인 근로소득세는 매달 월 단위로 월급에서 떼어가지만, 프리랜서 사업소득은 소득을 지급할 때마다 뗍니다. 이때 떼는 방식도 차이가 있습니다. 근로소득세는 근로소득 간이세액표라는 소득 구간별로 다르게 정해 놓은 금액을 떼고, 사업소득은 소득에 상관없이 3.3%(지방소득세 포함)로 일괄해서 뗍니다.

근로소득자는 각종 소득공제를 통해 소득을 줄여 낼 세금을 정산하지만, 사업소득이 있는 프리랜서는 사업을 하는 동안 쓴 비용을 소득에서 빼고 세금을 다시 계산합니다. 결국, 프리랜서는 경비처리를 많이 해야 세금이 줄어드는 구조입니다.

각각 정산 후에 1년 동안 내야 할 세금보다 더 떼였으면 환급받고, 덜 떼였으면 토해내는 방식은 같습니다. 하지만 그 과정에서의 차이가 큽니다.

직장인 연말정산은 소속 회사를 통해 간단한 서류제출로 세금 정산이 끝나기 때문에 크게 잘못될 일은 없습니다. 반면 프리랜서는 스스로 모든 것을 챙겨야 하므로 한 번 잘못 처리하면 그 세금의 격차가 커집니다. 일부 프리랜서는 필요경비 처리를 잘못해서 수익과 비교해 과도한 세금 부담을 지는 상황까지 발생할 수도 있습니다.

실무적으로 상당수 프리랜서는 사업자등록을 하지 않거나 세금 신고를 위한 장부작성을 제대로 하지 않고 있습니다. 연 수입금액 7,500만 원 이하의 사업자는 세금 신고를 위한 장부를 작성할 의무가 없기 때문입니다.

하지만 장부를 쓰지 않으면 정확한 신고가 어려워집니다. 5월 신고 때가 돼서야 1년 치를 더듬어 신고하려다 보니 어디에 얼마를 썼는지 확인할 방법이 없게 되는 것이죠.

게다가 장부를 쓰지 않은 프리랜서는 정확한 소득금액을 알 수 없으므로 과세당국이 정한 경비율로만 세금 신고할 수 있습니다. 이를 앞서 말한 '추계신고(推計申告)'라고 합니다.

추계신고 대상 중에서도 연 소득 3,600만 원이 넘는 프리랜서는 상당히 낮은 기준경비율로 필요경비를 처리할 수밖에 없습니다. 결국, 실제 들어간 비용보다 적은 금액의 비용을 소득에서 털어내게 되고, 이에 따라 세금 부담이 크게 오르게 되는 것입니다.

예를 들어 연 7,000만 원의 사업소득을 받는 학원 강사가 장부작성을 하지 않고 추계신고를 한다고 가정해봅시다. (이 강사는 소득의 절반 이상을 학원강의를 위한 비용으로 썼다고 가정합니다.)

직전년도 매출이 3,600만 원이 넘는데 추계신고를 하는 경우, 단순경비율(61.7%)보다 훨씬 낮은 기준경비율(17.5%)을 적용받아야 합니다. 실제 비용보다 훨씬 적은 17.5%만 필요경비로 인정받을 수 있다는 말입니다.

이 강사가 뒤늦게나마 장부를 쓰려고 하더라고 상황은 어렵습니다. 각종 영수증과 증빙을 잘 챙겨뒀으면 모르겠지만, 그렇지 않다면 증빙이 없어 장부작성이 어려운 상황이 됩니다. 증빙이 있는 것들만 장부를 쓰고 적당히 처리하면 세금폭탄을 맞게 될 수도 있습니다. 허위경비처리를 하면 세금도 두들겨 맞고 조세범으로 처벌될 수도 있습니다.

대부분 프리랜서는 소득세만 신경 쓰면 되는데, 12월까지 세금 대비를 전혀 하지 않다가 5월 종합소득세 신고기한이 다가와서 갑자기 챙기려면 세금 부담이 커질 수밖에 없습니다. 특히 연간 7,500만 원 이상의 고소득 프리랜서들은 불성실 신고에 대한 부담도 크기 때문에 세무대리인을 통해 매월 관리를 받으면서 증빙을 챙기는 것이 좋습니다.

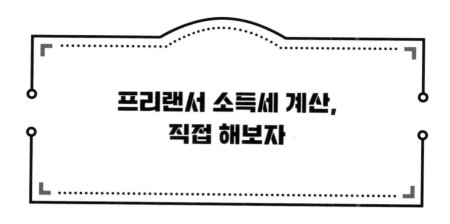

프리랜서 소득세 계산,
직접 해보자

다시 프리랜서 소득세 계산 과정을 복습해 봅시다. 수입금액에서 필요경비를 뺀 사업소득금액에서 인적공제 등의 각종 소득공제액을 차감해 과세표준을 계산하고, 계산된 과세표준에 세율을 곱해 산출된 세액에, 다시 표준세액공제 등의 세액공제액을 차감해 결정세액을 산출하면 됩니다.

이제 결정세액이 확정됐다면, 기납부세액과 정산하는 과정을 거쳐야 합니다. 인적용역에 대해 건별로 3%씩 미리 세금을 냈습니다. 연간 최종적으로 떼인 3%의 금액과 결정세액을 비교해 전자가 크다면 그 차이만큼 환급세액이 발생하고, 후자가 크다면 그 차이만큼 내야 할 세액이 발생하는 것입니다.

세알못　프리랜서 학원 강사로 활동 중입니다. 현재 미혼입니다.

2022년 수입금액은 2,300만 원이고, 2023년 신고된 수입금액은 3,000만 원입니다. 소득세가 얼마나 나올까요?

택스코디 단순경비율 적용대상자(학원 강사의 단순경비율은 61.7%)이므로 소득세 계산은 어렵지 않습니다. 계산 편의상 다음과 같이 가정합니다.

원천징수세액 (기납부세액)	900,000원 (30,000,000원 × 3%, 지방소득세 제외)
직전년도 수입금액	2022년 수입금액: 23,000,000원
귀속년도 수입금액	2023년 수입금액: 30,000,000원
소득공제	본인 공제 1,500,000원
세액공제	표준세액공제 70,000원 + 전자신고 세액공제 20,000원 = 90,000원

먼저 단순경비율을 적용해 필요경비를 계산해봅시다.

- 필요경비 = 수입금액 × 단순경비율 = 30,000,000원 × 61.7% = 18,510,000원

따라서 소득금액은 11,490,000원 (수입금액 - 필요경비 = 30,000,000원 - 18,510,000원)입니다. 이제 과세표준을 구해봅시다.

- 과세표준 = 소득금액 - 소득공제 = 11,490,000원 - 본인 공제 1,500,000원 = 9.990,000원

- 산출세액 = 과세표준 × 세율 = 9,990,000원 × 6% = 599,400원

- 결정세액 = 산출세액 - 세액공제 = 599,400원 - 90,000원
  = 509,400원

여기에 원천징수한 90만 원이 있으므로, 390,600원 환급이 발생합니다. 여기에 지방소득세 10%를 더하면 총 환급금액은 429,660원입니다.

이제 이를 소득세 신고 서식지에 기록하면 다음과 같습니다.

(2023년 귀속) 종합소득세 , 지방소득세 과세표준 확정신고 및 납부계산서 (단일소득 - 단순경비율 적용대상자용)						
기본 사항	성명			주민등록번호		
	상호			사업자등록번호		
	주소			전자우편주소		
주소지전화번호		사업장전화번호			휴대폰전화번호	
신고 유형	추계 - 단순율		기장 의무	간편장부 대상자	소득 구분	부동산임대업의 사업소득 부동산임대업 외의 사업소득
업종코드	940903	단순경비율 %	일반율	61.7%	신고 구분	정기신고 , 수정신고 , 기한후신고
			자가율			
환급금 계좌 신고	금융기관 /체신관서명				계좌번호	
종합소득세의 계산						
구분						금액
총수입금액 : 매출액을 적습니다.						30,000,000

단순경비율에 의한 필요경비 : 총수입금액 × 단순경비율 (%)							18,510,000

종합소득금액 : 총수입금액 - 필요경비	11,490,000

소득공제 : 소득공제명세의 공제금액 합계를 적습니다.	1,500,000

	인적공제 대상자 명세				인적공제		
	관계코드	성명	내외국인코드	주민등록번호	구분	인원	금액
소득공제명세					기본공제	본인		1,500,000
						배우자		
						부양가족		
					추가공제	70세 이상인 자		
						장애인		
						부녀자		
	공적연금공제 : 국민연금 등 공적연금 불입액을 적습니다.						

과세표준 : 종합소득금액 - 소득공제	9,990,000

세율	6%

산출세액	599,400

세액공제 : 세액공제명세의 합계금액을 적습니다.	90,000

	자녀세액공제	
세액공제명세	연금계좌세액공제	
	정치자금기부금 세액공제 :정치자금법에 따라 정당 (후원회 및 선거관리위원회 포함)에 기부한 기부금 중 10만 원까지는 기부금액의 100/110을 세액공제 합니다.	
	표준세액공제	70,000
	전자신고세액공제	20,000
	결정세액	509,400

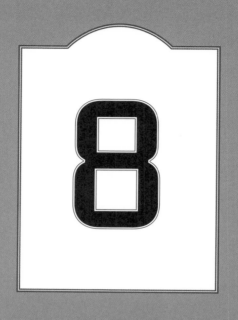

프리랜서도
사업자등록 해야 하나요?

문제 1	여행 콘텐츠를 제작하는 유튜버입니다. 유튜버로 활동한 지는 2년이 되어 가는데 몇 달 전에 올린 영상이 뒤늦게 사람들의 관심을 받으며 최근 구독자 수와 조회 수가 급증하고 있습니다. 시작 이후 줄곧 유튜브에서 난 수익으로는 여행 경비를 충당하기도 빠듯했는데, 최근 조회 수가 급증하면서 적지 않은 수입이 생기기 시작했습니다. 저처럼 유튜버로 활동하면 사업자등록을 해야 하나요?
문제 2	프리랜서가 사업자등록을 하는 것과 하지 않는 것, 어떤 차이점이 있는가요?
문제 3	프리랜서가 사업자등록을 고민해야 하는 시기는 언제인가요?
문제 4	사업개시 전에라도 사업자등록이 가능한가요?

이번 장에서는 위에서 말한 문제들에 대한 답을 찾아가는 과정을 통해 '사업자등록 시기', '사업자등록 궁금증', 그리고 '사업자등록 신청법' 등을 스스로 터득해 세금을 줄일 수 있을 것입니다.

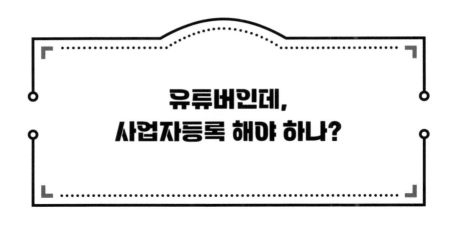

유튜버인데, 사업자등록 해야 하나?

세알못 여행 콘텐츠를 제작하는 유튜버입니다. 유튜버로 활동한 지
는 2년이 되어 가는데 몇 달 전에 올린 영상이 뒤늦게 사람들
의 관심을 받으며 최근 구독자 수와 조회 수가 급증하고 있습
니다. 시작 이후 줄곧 유튜브에서 난 수익으로는 여행 경비를
충당하기도 빠듯했는데, 최근 조회 수가 급증하면서 적지 않은
수입이 생기기 시작했습니다. 저처럼 유튜버로 활동하면 사업
자등록을 해야 하나요?

택스코디 유튜버는 인터넷·모바일 기반의 플랫폼 환경에서 다양한 주제
의 영상 콘텐츠를 제작하는 1인 미디어 창작자로 대부분은 사
업자등록을 하지 않은 프리랜서입니다.

세알못 그럼 의무가 아닌데도 어떤 이유로 유튜버들이 사업자등록을 하는 것인가요?

택스코디 프리랜서라도 본인이 원하는 경우 사업장을 마련한 후 사업자등록은 가능합니다.

만약 1인 미디어 창작자가 본인 외에 작가, 영상편집자, PD 등을 고용하거나 전문 촬영 장비나 스튜디오 등 물적 설비를 갖추고 수익 활동을 하는 경우라면 의무적으로 사업자등록을 해야 합니다.

세알못 프리랜서가 사업자등록을 하는 것과 하지 않는 것, 어떤 차이점이 있는가요?

택스코디 사업자등록을 하는 경우 가장 큰 차이점은 부가가치세 과세 여부입니다. 프리랜서가 제공하는 인적용역은 부가가치세를 부과하지 않습니다. 그러나 사업자등록을 하게 되면 부가가치세가 부과됩니다.

과세사업자가 되면 세금계산서 같은 적격증빙을 발행할 수 있게 되는 대신, 부가가치세를 징수해야 하는 의무가 생깁니다. 그리고 사업자가 지출한 비용 중 공제대상 금액에 대해서는 매입세액 공제를 받을 수도 있습니다. 발생하는 수입금액이나 지출 금액 등을 종합적으로 검토해야 합니다.

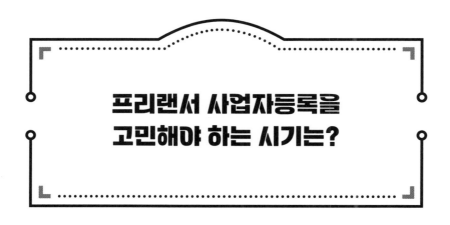

프리랜서 사업자등록을 고민해야 하는 시기는?

우리나라 프리랜서 수가 400만 명에 달한다고 합니다. 웹디자이너, 개발자, 피트니스 강사, 번역가, 보험설계사, 유튜버 등 업종도 정말 다양합니다.

프리랜서로 일하다 보면 사업자등록을 해야 하나 생각할 때가 옵니다. 그럴 때 고민되는 것이 세금입니다. 개인사업자로 사업자등록을 하면 세금 신고가 달라지기 때문이죠.

프리랜서란 특정 조직에 속하지 않고 자신의 기술과 능력을 이용해, 즉 혼자 힘으로 수입을 얻는 사람을 말합니다. 세법에서는 프리랜서를 '개인이 물적 시설 없이 근로자를 고용하지 않고 독립된 자격으로 용역을 공급하고 대가를 받는 사람'으로 규정하고, 인적용역 사업자로 분류합니다. 엄밀히 말하면 프리랜서도 종합소득세를 신고하는 개인사업자이지만, '사업자등록을 하지 않은 개인사업자'입니다.

다시 말하지만, 프리랜서와 개인사업자의 세금 신고는 '부가가치세를 내느냐, 안 내느냐'의 차이입니다.

개인사업자는 소비자에게 물건을 팔거나 서비스를 제공할 때 미리 부가가치세 10%를 더해 받죠. 손님에게 대신 받은 부가가치세는 국가에 다시 반환해야 합니다.

정리하면 프리랜서는 5월 종합소득세 신고 기간에 소득신고만 하면 더는 세금 신고를 할 게 없지만, 개인사업자는 종합소득세 신고 외에도 1년에 한 번이나 두 번 받아 둔 부가가치세를 신고하고 내야 합니다.

세알못　프리랜서가 사업자등록을 고민해야 하는 시기는 언제인가요?

택스코디　개인사업자로 등록하게 되면 신고해야 할 것도, 신경 쓸 것도 더 많은 게 사실입니다. 하지만 사업자등록으로 얻을 수 있는 혜택도 있습니다.

바로 사업자의 절세 핵심, 비용처리입니다. 사업자등록을 한 개인사업자는 사업 운영에 필요한 경비를 세금계산서와 신용카드 전표, 현금영수증 등으로 인정받을 수 있습니다.

따라서 프리랜서가 사업자등록을 결심해야 하는 시기는 소득이 커졌을 때입니다. 종합소득세율은 과세표준이 5,000만 원이 넘어가는 시점부터 소득 구간에 따라 24~45%까지 높아지기 때문에 세금 부담이 커질 수밖에 없습니다. 그러므로 비용처리 항목을 꼼꼼히 챙겨 소득을 줄이는 게 절세하는 방법입니다.

그러나 비용처리 할 항목이 많지 않은 업종에 종사하는 사업자는 프리랜서로 남는 것이 더 유리할 수 있습니다. 대표적으로 본인이 가진 재능을 제공하는 피트니스·요가 강사 같은 서비스업 종사자를 들 수 있습니다. 프로그래머나 개발자도 컴퓨터나 소프트웨어 같은 장비 구매비 외에는 비용 처리할 항목이 많지 않은 업종에 속합니다.

사업자등록
직접 해보자

프리랜서가 사업자등록을 하면 사업자의 권리와 의무가 생기고 법적 지위를 인정받을 수 있습니다. 물론 사업자등록을 하지 않고도 일을 할 수 있지만, 이 경우 정상적으로 세금 신고할 수 없어서 미등록가산세나 불성실가산세라는 패널티에 항상 노출됩니다. 또한, 다른 사업자들과 세금계산서를 주고받을 수 없어서 관련 세제 혜택을 챙기지 못하는 불이익도 불가피합니다.

세알못 사업자등록은 언제까지 해야 하나요?

택스코디 사업자등록은 사업을 시작한 날, 즉 '사업개시일'로부터 20일 이내에 해야 합니다.

음식점이라면 장사를 시작한 날, 서비스업종이면 서비스용역을 공급하기 시작한 날이 사업개시일입니다. 예를 들어 카페라면 매장에서 커피를 내리기 시작한 날부터 20일 안에 사업자등록을 해야 합니다.

세알못 그럼 사업개시 전에라도 사업자등록이 가능한가요?

택스코디 사업개시 이전이라도 사업자등록 신청을 할 수 있습니다.

사업자등록 신청은 어렵지 않습니다. 사업자등록 신청서에 써넣어야 할 것들은 기본적으로 알고 있어야 합니다. 특히 업종구분을 적어야 하는데, 자신이 시작할 사업이 어떤 업종으로 구분되는지는 모르는 경우가 대부분이어서 확인이 꼭 필요합니다.

국세청 홈택스에는 표준산업분류표로 정리된 업종코드를 검색하는 기능이 있으니 활용하면 편리합니다. 주업종 코드는 사업자의 소득세 계산에 쓰이는 경비율을 결정하는 것이어서 정확히 확인해야 합니다.

그리고 시작하는 업종이 관련 법에 따라 허가나 신고, 등록이 필요한 인허가 업종인지도 알아야 합니다. 인허가가 필요한 업종은 인허가증이나 인허가신청서를 첨부해야만 사업자등록이 가능합니다.

세알못 상호는 미리 정해졌는데, 이외에도 사업자등록을 위해 사업자가 결정해야 할 항목들은 무엇인가요?

택스코디 우선 사업자등록 신청서에는 과세와 면세, 그리고 일반과 간이라는 사업자 유형 중 하나를 선택하라는 항목이 나옵니다. 그런데 이 부분 결정을 위해서는 간단하게라도 용어에 대한 이해가 꼭 필요합니다.

사업자 유형은 부가가치세 납부를 위한 구분인데, 선택에 따라 부가가치세 신고납부방식과 납부세액이 크게 달라집니다. 대부분 개인사업자는 간이과세로 출발하지만, 초기 투자비용이 많은 사업, 또는 영세율이 적용되는 사업은 부가가치세 환급을 위해 일반과세로 시작하는 것이 좋습니다. (다음 장에서 구체적으로 다룹니다.)

또 사업장의 위치가 간이과세로 시작할 수 없는 간이과세배제지역인지도 확인해야 합니다.

세알못 사업자등록은 어떻게 신청하나요?

택스코디 사업자등록 신청은 국세청 홈택스에 접속해 온라인으로 하는 방법과 관할 세무서에 직접 방문해서 하는 방법이 있습니다. 다음과 같습니다.

신청 방법	내용
세무서에 직접 방문하는 경우	사업자등록에 필요한 서류를 미리 다 챙겨가야 합니다. 사업자 본인 신분증과 신청서, 신고 및 인허가증명서 등이 있어야 하고, 임대한 사업장이면 사업장 임대차 계약서도 필요합니다.
홈택스로 신청하는 경우	신청서 외에 추가서류를 첨부 파일 형태로 따로 갖고 있어야 합니다. 미리 PDF 파일이나 이미지 파일로 만들어두면 온라인 신청서와 함께 첨부해서 제출하기가 편합니다.

PC 사용이 어려운 경우 홈택스 모바일 앱인 '손택스'에서도 사업자등록 신청이 가능합니다. 사업자등록증은 보통 즉시 발급되며, 늦어도 신청 후 2일 이내에 받아볼 수 있습니다. 세무서 방문수령이 어려운 경우 홈택스에서 조회한 후 사업자등록증을 인쇄하면 됩니다.

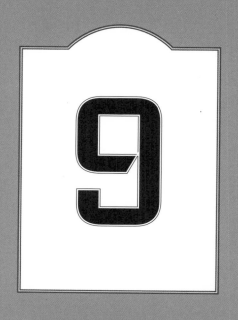

9

사업자등록 하는 것이
유리할 때도 있다

문제 1	치킨 한 마리를 22,000원에 팔았을 때, 부가가치세는 얼마인가요?
문제 2	유튜버가 사업자등록을 했을 때 장점은 무엇인가요?
문제 3	일반과세사업자 유튜버입니다. 과세기간 매출액은 5천만 원이고, 사업에 관련한 경비를 1,100만 원(세금계산서 수취분) 사용했습니다. 그럼 부가가치세는 얼마를 환급받나요?
문제 4	유튜버입니다. 만약 사업자등록을 하지 않으면 어떤 불이익이 있나요?

이번 장에서는 위에서 말한 문제들에 대한 답을 찾아가는 과정을 통해 '부가가치세 계산법', '영세율 적용 사업자 이해', 그리고 '영세율 적용 사업자 절세 팁'을 스스로 터득해 부가가치세를 줄일 수 있을 것입니다.

부가가치세 이렇게 계산한다

부가가치세 계산 시 사업자는 매출세액에서 전 단계에서 부담한 매입세액을 뺀 나머지 세액만 내면 됩니다. 이를 전단계세액공제법이라고 합니다. 전단계세액공제법을 채택하고 있는 부가가치세법에서 세금계산서는 납부세액을 계산하는 데 있어서 필수적인 증빙서류입니다.

> • 부가가치세 = 매출세액 - 매입세액

세알못   치킨 한 마리를 22,000원에 팔았을 때, 부가가치세는 얼마인가요? (참고로 치킨 한 마리에 들어간 재료비는 11,000원입니다.)

택스코디   치킨 한 마리를 22,000원에 팔았으니, 매출은 22,000원입니다. 부가가치세를 계산하기 위해서는 먼저 매출세액부터 계산해야 합니다. 매출세액은 다음과 같이 계산합니다.

• 매출 = 매출액 + 매출세액 (매출액의 10%가 매출세액입니다.)

그럼 치킨 한 마리 값의 매출세액은 다음과 같이 2,000원이 됩니다.

매출 22,000원	=	매출액 20,000원	+	매출세액 (매출액의 10%) 2,000원 (20,000원 × 10%)

이제 매입세액을 구할 차례입니다. 매입세액은 다음과 같이 계산합니다.

• 매입 = 매입액 + 매입세액 (매입액의 10%가 매입세액입니다.)

치킨 한 마리 재료비가 11,000원이니, 매입세액은 다음과 같이 1,000원이 됩니다.

매입 11,000원	=	매입액 10,000원	+	매입세액 (매입액의 10%) 1,000원 (10,000원 × 10%)

자. 이제 매출세액과 매입세액을 구했으니, 다음과 같이 치킨 한 마리 부가가치세를 계산해보면 1,000원이 됩니다.

• 부가가치세 = 매출세액 - 매입세액 = 2,000원 - 1,000원 = 1,000원

외국으로 물건을 수출하거나 혹은 해외에서 서비스를 제공할 때는 외화로 수익을 받습니다. 이렇게 얻은 재화, 용역 등이 부가가치세법에 열거된 경우 부가세율을 0%로 규정합니다. 쉽게 말해 이런 '영세율 사업자'에 해당하면 이들이 공급한 재화는 부가가치세가 발생하지 않는다는 것입니다. 공급가액에 적용하는 세율이 0이기 때문입니다. 그 이유는 국가 간에 이중과세를 방지하고 수출을 장려하기 위해서입니다. 영세율 사업자는 부가가치세 신고를 반드시 해야 하며 매입세액이 있을 땐 부가가치세 환급도 가능합니다.

유튜브 광고 매출 역시 해외 수입으로 '영세율 (0의 세율)'이 적용됩니다. 그러므로 '매출세액 = 매출액 × 0% = 0원', 따라서 매출이 아무리 많이 발생해도 부가가치세가 발생하지 않는 구조입니다. 영세율이 적용되는 일반과세자 유튜버의 부가가치세 계산법은 다음과 같습니다.

> • 부가가치세 = 매출세액 (매출액 × 0%) - 매입세액 (매입액 × 10%)

세알못 일반과세사업자 유튜버입니다. 과세기간 매출액은 5천만 원이고, 사업에 관련한 경비를 1,100만 원(세금계산서 수취분) 사용했습니다. 그럼 부가가치세는 얼마를 환급받나요?

택스코디 앞장에서 본 것처럼 부가가치세는 매출세액에서 매입세액을 빼서 계산합니다. 여기에서 양수(+)의 금액이 발생하면 그 금액을 내야 하고, 음수(-)의 금액이 발생하면 그 금액만큼 환급을 받게 됩니다. 다음과 같습니다.

* 매출세액 (영세율) = 매출액 × 0% = 5,000만 원 × 0% = 0원
* 매입세액 = 매입액 × 10% = 1,000만 원 × 10% = 100만 원
* 부가가치세 = 매출세액 - 매입세액 = 0원 - 100만 원 = -100만 원
  (따라서 환급세액: 100만 원)

따라서 유튜버가 사업자등록을 하는 것이 유리하다는 것을 알 수 있습니다. 카메라, 마이크, 컴퓨터 등 기타 촬영에 필요한 물건 구매 시 매입세액 (매입액의 10%)을 환급받을 수 있으므로, 유튜브뿐만 아니라 구글 애드센스 광고를 통해 수익이 발생하는 사람이라면 꼭 일반과세자로 사업자등록을 해서 부가가치세를 환급받는 것이 좋습니다. 참고로 간이과세사업자는 환급이 발생해도 환급을 받을 수 없으니 주의해야 합니다.

세알못 그럼 유튜버가 사업자등록을 하면 모든 수익에 대해 부가가치세를 환급받는 건가요?

택스코디 해외 플랫폼 운영사로부터 직접 외화로 송금받은 광고수익은 부가가치세가 영세율로 부가가치세 부담이 없습니다. 하지만 원화로 받는 각종 수익에 대해서는 부가가치세를 부담해야 합니다. 예를 들어 슈퍼챗(후원)으로 받은 원화 수익은 부가가치세가 부과될 수 있습니다.

또한, 수익을 외국 회사 대신 외화 송금 대행업체가 입금할 때에도 부가가치세 영세율 적용이 안 될 가능성이 있어 주의해야 합니다.

그리고 이때 신고하는 매출은 영세율이 적용돼서 부가가치세는 내지 않지만, 이때 신고하는 매출은 결과적으로 1년 소득이 돼서 다음 해 종합소득세 신고 시 기준이 된다는 점은 꼭 알아 둬야 합니다.

세알못 구글 등 해외 기업에서 광고수익을 지급할 때 이미 세금을 공제하는 것으로 아는데, 국내에서 또 세금을 내야 하는가요?

택스코디 우리나라와 조세조약이 체결된 해외 국가에서 발생한 소득에 대해 이미 징수된 소득세가 있더라도 국내 거주자는 국내에서 해외 소득에 대한 소득세를 신고·납부해야 합니다. 이때 외국에서 징수된 세금 일부를 공제해주고 있습니다. 이러한 외국납부세액공제를 받기 위해서는 소득세를 신고할 때 외국에 낸 세금 명세를 작성해 제출해야 합니다. 이는 사업자등록 여부와 상관없이 신청할 수 있습니다.

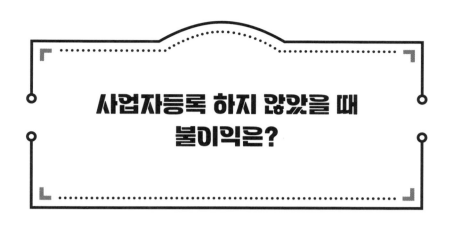

사업자등록 하지 않았을 때 불이익은?

세알못　유튜버입니다. 만약 사업자등록을 하지 않으면 어떤 불이익이
　　　　　　있나요?

택스코디　원칙적으로 국내에서 사업을 하려면 사업자등록은 선택이 아
　　　　　　니고 의무이므로, 꼭 사업자등록을 해야 하고, 사업자등록을
　　　　　　하지 않고 사업을 할 때는 사업자 미등록가산세가 부과됩니다.

앞선 사례와 같이 매출액 5천만 원을 기준으로 예를 들어보면, 사업
자등록을 한 경우 1백만 원을 환급받을 수 있는데, 사업자등록을 하지
않았다면 가산세만 75만 원을 내야 합니다. 가산세 세부 내역은 다음과
같습니다.

- 사업자 미등록가산세: 매출액의 1%

  5,000만 원 × 1% = 50만 원

- 영세율 과세표준 무신고가산세: 미신고액의 0.5%

  5,000만 원 × 0.5% = 25만 원

정리하면, 매출액 5천만 원을 기준으로 가정했을 때, 사업자등록을 했다면 1백만 원을 환급받을 수 있는데, 사업자등록을 하지 않았으므로 가산세만 75만 원을 내야 합니다. 따라서 유튜버가 인적, 물적 설비를 갖춘 경우라면 사업자등록을 하는 것이 유리합니다.

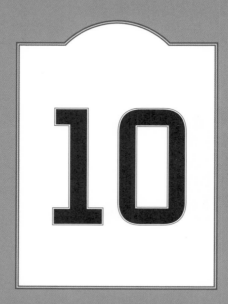

10

청년이라면
소득세 감면받자

문제 1	청년창업 세액감면 제도 요건은 어떻게 되나요?
문제 2	이미 세금을 냈는데, 세액감면 대상이면 다시 돌려받을 수 있나요?
문제 3	만약 창업 후 5년간 수익이 발생하지 않다가, 5년째 되는 해에 수익이 발생한다면 어떻게 되는 건가요?
문제 4	수도권 과밀억제권역 안에서 창업해서 50%의 세액감면을 적용받고 있다가, 수도권 과밀억제권 밖에서 창업했다면 100%의 세액감면을 받을 수 있다는 사실을 뒤늦게 알게 되어 수도권 과밀억제권역 밖으로 스튜디오를 이전했습니다. 100% 감면 가능한가요?

이번 장에서는 위에서 말한 문제들에 대한 답을 찾아가는 과정을 통해 '창업과 개업의 차이', '청년창업 세액감면 제도 이해', 그리고 '청년창업 세액감면 신청 방법 그리고 경정청구' 등을 스스로 터득해 소득세를 줄일 수 있을 것입니다.

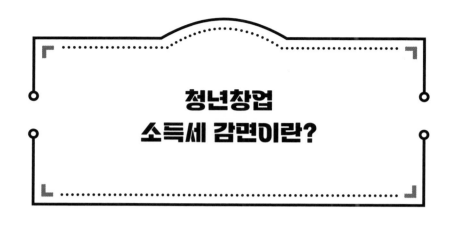

**청년창업
소득세 감면이란?**

세알못   유튜버 같은 프리랜서가 사업자등록을 했을 때, 또 다른 장점
이 있나요?

택스코디 다시 말하지만, 인적, 물적 설비를 갖춘 사업자의 사업자등록
자체는 선택이 아니라 의무입니다. 그로 인해 부가가치세 납부
의무가 발생하지만, 사업자등록을 했을 때만 주는 세법상 혜택
도 있습니다.

결론부터 말하자면 유튜버가 미디어콘텐츠 창작 업종으로 사
업자등록을 하면 소득세 부담 시 창업중소기업 또는 중소기업
에 대한 세액감면 혜택이 가능하지만, 사업자등록을 하지 않은
유튜버(1인 미디어 창작자)는 감면받을 수 없습니다.

자본과 점포 없이도 돈을 벌 수 있는 '무자본 창업(광고대행, 스마트 스토어, 유튜버 등)'에 관심을 가지는 청년들이 점점 늘어나고 있습니다. 퇴사 후 창업을 고민하는 직장인들도 많죠.

정부는 이런 청년들이 새로운 제품과 서비스를 개발해 수익을 창출하고 경제 성장에 이바지하도록 창업을 장려하고 있습니다. 대표적인 장려 정책이 바로 '청년창업 세액감면 제도'입니다.

세알못 과거에 사업자를 낸 적이 있는데, 저도 해당하나요?

택스코디 이미 사업자를 낸 사람도, 요건만 충족하면 5년간 종합소득세를 단 10원도 내지 않을 수 있습니다.

세알못 그럼 청년창업 세액감면 제도 요건은 어떻게 되나요?

택스코디 총 3가지 요건을 갖춰야 하고, 이 3가지 요건을 모두 만족해야 합니다. 다음과 같습니다.

1. 나이

나라에서 말하는 '청년'이어야 합니다. 청년을 만족하려면 나이에 대한 조건, 즉 15세~34세이어야 하며 병역 기간(6년)까지 소급해 인정받을 수 있습니다. 따라서 병역 기간을 반영하면 최대 만 40살까지 혜택을 받을 수 있게 됩니다. 2024년을 기준으로 군대를 고려하지 않으면, 1990년생까지 세액감면이 가능합니다.

개인사업자로 창업	창업 당시 15세 이상 34세 이하인 사람. 다만, 병역을 이행한 경우에는 그 기간(6년 한도)을 창업 당시 나이에서 빼고 계산한 나이가 34세 이하인 사람을 포함.
법인사업자로 창업	개인사업자로 창업하는 경우의 요건과 지배주주 등으로서 해당 법인의 최대주주 또는 최대출자자이어야 한다는 요건을 모두 충족해야 함.

2. 최초 창업

종전에 사업체를 운영했던 이력이 없고, 처음 창업하는 사람이라면 최초 창업에 대해 크게 고민하지 않아도 됩니다. 하지만 과거 사업체를 운영했던 이력이 있다면, 새로 시작하는 창업 형태가 최초 창업으로 인정받지 못하는 경우인지부터 확인해야 합니다.

세알못 그럼 어떤 경우에 최초 창업으로 인정받지 못하나요?

택스코디 창업과 개업의 의미는 다릅니다. 창업은 사업을 위해 기업을 새로 내는 것이고, 개업은 그냥 영업을 시작(개시)한 것이죠. 비슷해 보이지만 완전 다릅니다. 창업은 해당 업종을 처음으로 차렸을 때를 뜻합니다. 즉, 이전에 같은 업종으로 사업했던 적이 없어야 합니다. 다른 사람이 하던 사업을 그대로 인수해 사업장을 내는 것은 개업으로 보기 때문에 창업 감면 적용이 안 됩니다. 사업을 하다 폐업 후 다시 같은 사업을 하는 경우, 기존 사업의 확장 또는 타업종을 추가하는 경우, 기존의 개인사업자를 법인으로 바꾸는 경우, 합병이나 현물출자, 분할, 사업 양수 등을 통해 기존 사업을 승계하거나 인수하는 경우에는 최초 창업으로 인정받지 못합니다.

3. 업종(조세특례제한법 제6조 3항의 대상 업종에 해당해야 함)

음식점, 정보통신, 통신판매업 등 가능한 업종은 18개입니다. (전문직, 부동산임대업, 도소매업 등은 불가능합니다.)

세알못   세금 감면 혜택을 받으려면 어떤 업종이 유리한지, 주의할 점은 무엇인가요?

택스코디   창업중소기업 세액감면은 1986년에 처음 세법에 규정 신설됐습니다. 이때는 제조업과 광업을 업종으로 하는 중소기업만 소득세의 50%를 감면받을 수 있었습니다. 현재 창업중소기업 세액감면 제도는 처음 제도가 시행됐을 때와 비교해, 대부분 업종으로 감면대상이 확대됐습니다.

업종 요건은 한국표준산업분류표에 따릅니다. 대표적으로 안 되는 업종은 전문직이나 도소매, 주점이 속합니다. 식음료를 파는 카페도 주점 및 비알코올 음료점으로 해당해 세액감면이 되지 않습니다. 하지만 베이커리 사업은 음식점업으로 감면받을 수 있습니다. 따라서 베이커리를 하면서 부수적으로 커피를 판다면, 감면이 가능합니다.

세알못   프리랜서로 활동하는 소설가입니다. 사업자등록은 하지 않았고, 그동안 출판사에서 소득세 3.3%를 원천징수하고 소득을 받았습니다. 물론 종합소득세 신고도 했습니다. 그런데 앞으로는 저술에만 집중하기 위해 제가 최대주주가 된 출판사 법인을 차리려고 합니다. 창업중소기업 세액감면 대상인가요?

택스코디 출판업은 한국표준산업분류상 정보통신업에 해당해 창업중소기업 세액감면을 받을 수 있는 업종입니다. 출판법인 설립 시 해당 법인의 법인세에 대한 세액감면을 받을 수 있습니다.

업종코드가
중요하다

스튜디오를 별도로 갖추었거나 직원을 고용한 유튜버들은 본인이 직접 사업자등록을 하고 세금 신고를 해야 합니다. 유튜버나 BJ 같은 콘텐츠 크리에이터 모두 1인이 콘텐츠를 만들어 공급하지만, 사업자등록 시 업종코드는 두 가지로 나뉩니다.

보통 영상편집자를 고용하고, 별도 마련한 스튜디오에 장비를 갖춰 방송하는 유튜버는 영화 비디오물 및 방송프로그램 제작업에 해당해 미디어콘텐츠창작업 과세사업자(업종코드 921505)로 등록해야 합니다. 반면 직원을 고용하지 않고 물적 시설 없이 인터넷 방송 콘텐츠를 공급하는 유튜버는 기타자영업으로 분류돼 '1인 미디어콘텐츠 창작자' 면세사업자(업종코드 940306)로 등록합니다. 다음 표를 참고합시다.

▶ 1인 미디어 창작자 업종코드 및 과세유형

코드	세분류	종목	과세유형	기준
921505	영화비디오물 및 방송프로그램 제작업	미디어콘텐츠 창작업	과세	시나리오작성자, 영상편집자를 고용하거나 스튜디오에서 촬영 장비를 갖추고 콘텐츠 공급
940306	기타 자영업	1인미디어 콘텐츠창작자	면세	직원을 고용하지 않고 물적 시설 없이 다양한 콘텐츠를 영상 플랫 폼에 공급

　면세사업자(업종코드 940306)가 아닌 과세사업자 (업종코드 921505)로 등록해야 광고 수입 등을 본사인 미국 구글에서 외화로 받을 경우, 앞장 에서 배운 부가가치세 영세율 적용이 가능하고, 이 장에서 말하는 중소 기업 창업 소득세 감면도 가능하다는 사실을 꼭 기억해야 합니다.

　이런 이유로 당장은 물적 시설(스튜디오)이 없는 소규모 유튜버라도, 추후 규모를 늘릴 계획이 있거나 매입세액공제의 필요성이 있다면, 처 음부터 미디어콘텐츠 창작업 (과세사업자, 업종코드 921505)으로 등록하는 것이 좋습니다. 도중에 업종을 바꾸면 세액감면을 받을 수 없기 때문입 니다.

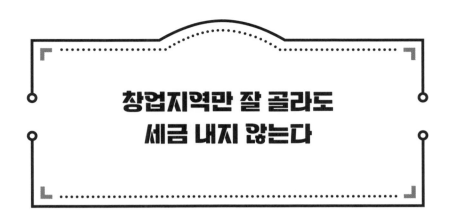

창업지역만 잘 골라도
세금 내지 않는다

나이, 최초 창업, 업종 요건에만 해당하면 혜택을 적용받지 못할까 걱정할 필요는 없습니다. 다만, 지역에 따른 종합소득세 감면 비율의 차이가 있습니다.

세알못 그럼 어느 지역이 감면율이 더 높은가요?

택스코디 정부는 지역 균형발전을 위해 수도권 내의 기업은 불이익을 주고 있습니다. 당연히 수도권 외 지역의 기업은 이익을 주고 있습니다. 수도권 과밀억제권역이냐 아니냐에 따라 감면율이 2배 차이 납니다.

청년 창업중소기업 세액감면은 수도권 과밀억제권에서 창업한 경우

50%만 감면합니다. 수도권 과밀억제권역 외의 지역에서 창업한 경우는 100% 감면해줍니다.

인천과 남양주, 시흥의 경우 같은 행정구역인데도 50% 또는 100% 되는 곳이 나뉩니다. 인천을 예로 들면 차이나타운에 사업장을 내면 50% 절반밖에 세금 감면을 못 받지만, 송도는 100% 세액 전액을 감면 받을 수 있습니다. 송도는 경제자유구역에 속하기 때문이죠.

세알못 수도권 과밀억제권역은 구체적으로 어디를 말하나요?
택스코디 다음과 같습니다.

수도권 과밀억제권역	
서울특별시	전 지역
인천광역시	남동국가 사업 단지 제외, 강화군, 옹진군, 서구 대곡동, 불노동, 마전동, 금곡동, 오류동, 왕길동, 당하동, 원당동 및 경제자유구역 제외
경기도	시흥시 (반월특수지역 제외), 의정부시, 구리시, 하남시, 부천시, 고양시, 수원시, 성남시, 안양시, 광명시, 과천시, 의왕시, 군포시, 남양주시 (호평동, 평내동, 금곡동, 일패동, 이패동, 삼패동, 가운동, 수석동, 지금동, 도농동에 한함)

참고로 감면 '한도'가 없으므로 실제로 적게는 몇백만 원에서 많게는 몇억 원까지도 감면을 받을 수 있습니다.

세알못 100% 감면 지역에 창업하면 유리한 업종이 따로 있나요?
택스코디 세금은 돈을 번 만큼 내는 겁니다. 즉 이익에 대해 내는 것입니다. 창업 후 가장 중요한 것은 수익을 많이 내는 것입니다. 세금

감면은 그다음 순위입니다. 손해를 보면 세금 낼 게 없습니다.

대부분 유튜버는 지역이 크게 중요하지 않죠. 그러므로 이런 프리랜서들이 감면 지역에서 사업하는 것을 추천합니다. 청년들이 수도권 과밀억제지역 밖에서 일하면 그 지역에서 밥도 사 먹고 세금도 냅니다. 그리고 그곳이 익숙해지면 그곳으로 거주지 자체를 옮길 수도 있습니다. 그래서 이 제도가 절세도 하고 지역 균형발전도 가능한 일석이조의 방법이라고 생각합니다.

세알못   김포 (수도권 과밀억제권역 밖)에 위치한 스튜디오를 사업장 주소지로 해 콘텐츠를 제작하고 있으며 나이는 만 30세입니다. 소득세 100% 감면 가능한가요?

택스코디   나이 요건(만34세 이하), 업종 요건(미디어콘텐츠 창작업), 지역 요건(수도권 과밀억제권역 밖)을 모두 충족하므로 소득세 100% 감면 가능합니다.

세알못   수도권 과밀억제권역 안에서 창업해서 50%의 세액감면을 적용받고 있다가, 수도권 과밀억제권 밖에서 창업했다면 100%의 세액감면을 받을 수 있다는 사실을 뒤늦게 알게 되어 수도권 과밀억제권역 밖으로 스튜디오를 이전했습니다. 100% 감면 가능한가요?

택스코디   안타깝지만 뒤늦게 지역을 이전하더라도 100% 감면 혜택을 적용받을 수는 없습니다. 수도권 과밀억제권역 밖에서의 창업을 독려하기 위해 만든 세제 혜택인 만큼 처음 창업한 지역의

감면율 50%를 그대로 적용받게 됩니다.

세알못 그럼 반대의 경우는 어떻게 되나요? 수도권 과밀억제권역 밖에서 창업해서 100% 감면을 받다가, 수도권 과밀억제권역 안으로 사업장을 이동하면 100% 감면을 계속 적용받을 수 있나요?

택스코디 이럴 때는 50%로 감면율이 낮아집니다. 수도권 과밀억제권역 안으로 이동하면 50%로 감면율이 변경되기 때문입니다.

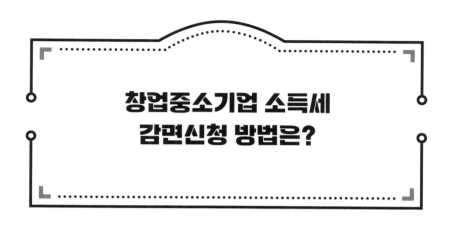

창업중소기업 소득세 감면신청 방법은?

최초로 창업한 청년이라면 5년간 종합소득세 세액감면을 최대 100%까지 받을 수 있습니다. 만약 청년이 아니더라도 수입금액 8천만 원 이하 소규모 창업이라면 같은 혜택을 받을 수 있습니다. 감면 신청자격 요건인 나이와 업종 요건을 확인하고, 종합소득세 정기신고 기간에 종합소득세 신고 시 첨부서류로 창업중소기업감면신청서에 세액감면액을 기록해서 제출하면 됩니다.

- 음식점, 정보통신, 통신판매업 등 대부분 업종 가능 (전문직, 부동산 임대업, 도소매업은 불가능)
- 수도권 밖에서 청년(15~34세)이 창업하거나, 또는 소규모 창업이라면 5년간 100% 세금 감면

• 수도권 안에서 청년(15~34세)이 창업하거나, 또는 소규모 창업이라면 5년간 50% 세금 감면.

창업중소기업			
수도권 과밀억제권역 밖		수도권 과밀억제권역 안	
청년창업	소규모 창업 (수입금액 8,000만 원 이하)	청년창업	소규모 창업 (수입금액 8,000만 원 이하)
5년 100%		5년 50%	

참고로 홈택스에서 종합소득세 신고 시 '08. 세액공제, 감면, 준비금' 항목의 '세액감면 신청서' 탭을 통해 신청하면 됩니다.

세알못 이미 세금을 냈는데, 세액감면 대상이면 다시 돌려받을 수 있나요?

택스코디 이미 세금을 냈는데, 세액감면 대상인 것을 늦게 안 경우, 5년 이내에 낸 세금이라면 세금 신고 및 납부 후 정정할 수 있는 '경정청구'를 통해 돌려받을 수 있습니다.

세알못 만약 창업 후 5년간 수익이 발생하지 않다가, 5년째 되는 해에 수익이 발생한다면 어떻게 되는 건가요?

택스코디 5년 동안 세금 감면 기준은 소득이 최초로 발생한 연도를 기준으로 합니다. 가령 사업을 시작하고 3년이 되는 해에 최초 수익이 발생했다면, 그 해를 포함해 총 5년 동안 세금 감면을 받을 수 있습니다.

세알못 청년 창업자들에게 강조하고 싶은 세금 관련 사항이 있다면요?

택스코디 다시 강조하지만, 사업을 시작할 예정이라면 나이를 꼭 확인
합시다. 한두 달 차이로 감면 못 받는 사람도 꽤 많습니다. 만
34세 이하인데 창업을 고민하고 있다면, 일단 사업자등록부터
먼저 하고 소득을 만드는 게 좋습니다. 그럼 5년간 세금 걱정
없이 사업할 수 있습니다.

또 하나, 사업자등록을 하지 않은 프리랜서라면 감면을 받을 수 없습니다. 프리랜서는 기업이 아니기 때문이죠. 고정된 사업장이나 직원 고용이 있어야 기업으로 보고, 창업중소기업 세액감면 적용대상이 됩니다. 따라서 프리랜서 자격으로 혼자 집에서 일하는 것보다는 밖에 나가서 사업장을 꾸리는 것을 추천합니다. 감면되는 세금이 임차료보다 더 많을 수 있습니다.

청년창업 세액감면은 무려 5년간 소득세 또는 법인세를 100%까지 감면해주는 강력한 창업 지원 제도입니다. 처음 창업할 때 요건을 미리 갖추어야지만 감면을 적용받을 수 있다는 사실을 기억해야 합니다. 잘 알아보지 않은 상태에서 창업을 해버리면 훗날 감면을 받고 싶어도 받을 수 없으므로 사업자등록 하기 전에 미리 청년창업 세액감면을 받을 수 있는 요건이나 제도 내용에 대해 인지하고 준비해야 합니다.

N잡러 세금 신고는?

문제 1	낮엔 직장을 다니고, 퇴근 이후에는 유튜버로 활동하고 있습니다. 이럴 때는 어떻게 해야 하나요?
문제 2	구독자 수가 빨리 늘어 수입이 조금 많아질 것 같습니다. 그런데 생각보다 경비 처리할 항목이 많지 않아 걱정입니다.
문제 3	그럼 저처럼 낮엔 직장을 다니고 저녁에 유튜버로 부수입을 거둘 때, 4대보험 처리는 어떻게 해야 하나요?
문제 4	경기가 갈수록 좋지 않아 식당을 하면서 장사가 안되는 시간대나 영업시간 외에 배달 라이더를 겸하고 있습니다. 이럴 때는 소득세 신고를 어떻게 해야 하나요?

이번 장에서는 위에서 말한 문제들에 대한 답을 찾아가는 과정을 통해 'N잡러 소득세 신고', 'N잡러 4대보험 처리', 그리고 '금융소득종합과세' 등을 스스로 터득해 소득세를 줄일 수 있을 것입니다.

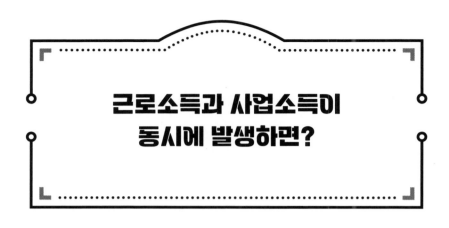

근로소득과 사업소득이
동시에 발생하면?

월급만으로 먹고살기 어려워서, 또는 남는 시간에 수익을 올리기 위해서
부업을 겸하는 N잡러들이 늘고 있습니다. 이렇게 두 가지 이상의 일을
하면, 둘 이상의 소득이 발생하는데, 이에 따라 세금도 복잡해질 수 있습
니다.

두 곳 이상의 직장을 다니는 이중근로자라면 두 근로소득을 합산해
어느 한쪽 직장에서 연말정산을 하면 연말정산이 끝납니다. 그런데 근
로소득을 하나로 더하지 않았다면, 5월 종합소득세 신고 때, 각각의 소
득을 합산해서 본인이 직접 소득세를 신고납부해야 합니다.

세알못 낮엔 직장을 다니고, 퇴근 이후에는 유튜버로 활동하고 있습니
다. 이럴 때는 어떻게 해야 하나요?

택스코디 이렇게 근로소득(직장인)과 사업소득(유튜버)이 동시에 발생하면 반드시 5월에 종합소득세 신고를 해야 합니다. 이 경우 근로소득은 연말정산을 하고, 다음 해 5월에는 사업소득을 합산해 종합소득세를 신고합니다. 만약 합산해서 종합소득세 신고를 하지 않으면, 연말정산을 했더라도 신고를 하지 않는 것이 되어 무신고가산세(20%)가 부과될 수 있습니다.

종합소득세 신고를 할 때는 신고유형에 따라 사업소득금액을 산출하고, 기존 연말정산 부분과 합산해서 신고하면 됩니다.

N잡러라면 주된 소득이 어느 쪽인지보다는 주된 소득이 무슨 소득이냐가 중요하다고 볼 수 있습니다. 예를 들어 본업과 부업 모두 근로소득으로 같다면 부업소득이 높아도 세무처리에 큰 차이가 없습니다. 그런데 세알못 씨처럼 본업은 근로소득이고 부업은 사업소득(프리랜서)이라면 챙겨 볼 것들이 생깁니다.

일반적으로 사업소득보다는 근로소득이 소득공제 범위도 넓고, 세액공제가 더 다양합니다. 따라서 부업으로 하고있는 프리랜서 유튜버 사업소득이 직장 근로소득보다 더 크다면 해당 사업소득을 장부 없이 추계신고할지, 장부를 쓰고 경비를 정확하게 처리할지에 대한 선택을 해야 합니다.

사업소득이 처음이고 소득이 높지 않은(복식부기의무자가 아닌) 첫해에는 장부를 쓰지 않고, 국세청이 정한 단순경비율로 비용처리를 하는 '추계신고'를 하면 됩니다. 만약 다음 해에도 계속해서 사업소득이 불어날 것으로 예상한다면 장부작성을 위한 준비도 같이해 가는 것이 필요합니다. 다시 말해 신용카드나 현금영수증 사용분이 근로소득이 아닌 사업소득의 필요경비가 될 수 있도록 정리를 해 두자는 겁니다.

유튜버로 벌어들인 사업소득이 적어 단순경비율로 추계신고하면 본인이 부업을 위해 사용했던 신용카드사용액 등도 직장 연말정산에 몰아서 공제를 받는 것이 유리합니다. 그런데 사업소득 규모가 커서 장부를 쓰게 되면 신용카드사용액 등을 근로소득 연말정산 때 공제받는 것보다 사업소득 필요경비로 처리하는 것이 유리합니다.

앞서 배운 것을 다시 복습하면 부업으로 벌어들이는 수입이 일정 수준(프리랜서 기준 직전연도 3,600만 원 이상)이 되면 간편장부나 복식부기로 장부를 쓰는 것이 더 좋습니다.

일반적으로 사업 첫해는 단순경비율로 적용받을 수 있어, 추계신고하는 경우가 많지만, 이 경우에도 수입금액이 많다면(프리랜서 기준 7,500만 원 이상) 처음부터 기준경비율이 적용되기 때문에, 장부를 써야 세금 부담이 적을 수 있습니다. 장부를 작성해서 신고해야 할 때는 관련 경비를 인정받기 위해 증빙자료를 꼼꼼하게 챙겨야 합니다. 프리랜서라고 하더라도 차량이 있을 수 있고, 접대비, 비품, 소모품, 교통비 등 수입을 올리는 데 필요하다고 생각되는 지출은 신용카드나 현금영수증을 받고 지출하는 등 적격증빙을 챙겨두는 것이 중요합니다.

세알못 구독자 수가 빨리 늘어 수입이 조금 많아질 것 같습니다. 그런데 생각보다 경비 처리할 항목이 많지 않아 걱정입니다.

택스코디 이럴 때 하나 팁을 말하자면, 수입금액 관리를 통해 세금 부담을 줄이는 방법이 있습니다. 일반 프리랜서 사업소득의 경우 직전연도 수입금액이 3,600만 원 미만이면 경비인정비율이 높은 단순경비율로 추계신고할 수 있습니다. 자신의 소득금액이 3,600만 원을 애매하게 넘는다면 수익관리를 통해 그 미만으로 조절해야 합니다. 쉽게 말해 조금 덜 버는 방법을 택하는 것입니다. 대신 세금을 크게 줄이는 방법입니다.

실제로 프리랜서 사업소득의 경우 단순경비율을 적용하면 76.2% (921505 미디어콘텐츠창작업 기준)를 경비로 인정받게 됩니다. 여기에 실제 들어간 비용은 연말정산 시 근로소득 신용카드 소득공제로도 산입 가능하므로 세금 차이가 큽니다.

N잡러 4대보험
처리는?

4대보험은 국가에서 모든 국민에게 의무적으로 가입하도록 한 국가보험입니다. 4대보험이란 국민연금, 건강보험, 고용보험, 산재보험을 말합니다. 모든 국민은 가입 형태에 따라 다음과 같이 구분합니다.

▶ **가입 형태에 따른 구분**

직장가입자	사업장에 고용된 근로자와 그 사용자(고용주)
지역가입자	직장가입자가 아닌 개인사업자 등 소득이 있는 모든 국민
피부양자	직장가입자에게 생계를 의존하여 보험료를 내지 않는 국민

직원이 없는 개인사업자와 프리랜서는 지역가입자로 분류됩니다. 보험료는 가입 형태에 따라 산정되는 방식이 다릅니다. 다음과 같습니다.

▶ 가입 형태에 따른 보험료 산정방식

직장가입자	근로소득의 일정 비율을 납부
지역가입자	소득과 보유한 재산에 따라 납부
피부양자	납부하지 않음

가족 구성원 중 직장가입자가 없을 때는 모두가 지역가입자로 분류되어 모든 가족은 보험료를 내야 합니다. 세대주에게 일괄 청구됩니다.

세알못   그럼 저처럼 낮엔 직장을 다니고 저녁에 유튜버로 부수입을 거둘 때, 4대보험 처리는 어떻게 해야 하나요?

택스코디   N잡러 4대보험 처리도 소득 구분에 따라 크게 두 가지로 나눠 볼 수 있습니다. 첫 번째는 양쪽 모두 근로소득을 받는 경우입니다. 이 경우 고용보험을 제외한 3가지는 양쪽에 중복해서 가입해야만 합니다. 참고로 고용보험은 월 보수액이 높은 한 회사만 가입되도록 자동으로 적용(다른 한 곳은 가입이 반려됨)됩니다.

실무적으로 근로소득이 두 곳 이상인 상황은 극히 드문 일입니다. 두 곳에서 대표이사로 있거나 하는 경우가 대표적입니다. 소득이 상당히 많은 사례가 될 텐데, 건강보험료나 국민연금의 경우 월보수 상한 기준이 있으므로 양쪽으로 가입하더라도 큰 부담이 아닐 수 있습니다.

다른 하나는 세알못 씨처럼 4대보험을 가입한 직장에서 근로소득이 있으면서 다른 소득(사업소득 등)도 생길 때입니다. 과거에는 다른 소득이 연 3,400만 원까지는 직장가입 외에 추가로 내야 할 보험료는 없었습니다. 하지만 2022년 7월부터는 이 규정이 2,000만 원으로 낮아졌습니다. 따라서 부업으로 얻은 소득이 연 2,000만 원이 넘어가면 직장 가입자라 할지라도 추가납부보험료가 발생한다고 생각해야 합니다. 추가납부는 건강보험료와 장기요양보험료만 해당하고, 국민연금 추가부담은 없습니다. (참고로 2022년 7월부터 시행되는 이 기준은 2021년 5월에 신고한 2020년 귀속 소득금액부터 적용됐고, 근로소득 외의 소득으로서 사업, 기타, 이자, 배당 등 다른 소득금액을 포함합니다.)

그리고 이때 2,000만 원은 매출이 아닌 소득금액 기준이므로 매출이 이 기준을 넘더라도 필요경비로 덜어낼 비용이 크다면 소득금액은 2,000만 원 이하로 내려가 추가부담이 없을 수 있습니다.

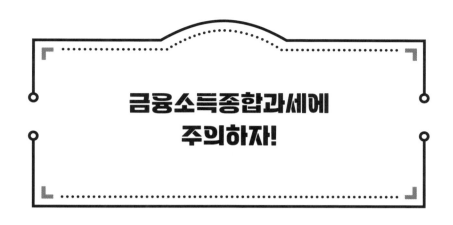

금융소득종합과세에 주의하자!

세알못 직장인입니다. 금융소득이 있는데, 소득세 신고는 어떻게 해야 하나요?

택스코디 분리과세하는 금융소득(이자·배당소득)만 있다면 신고하지 않아도 됩니다. 다시 말해 근로소득 외 금융소득이 2,000만 원 이하가 발생한다면 연말정산만으로 소득세 신고는 끝납니다. 그러나 금융소득이 2,000만 원을 초과하면 종합소득세 신고를 해야 합니다.

'금융소득종합과세'란 개인별로 금융소득이 연간 2,000만 원을 초과할 경우 사업소득, 근로소득 등 다른 소득과 합산해 종합소득으로 과세한다는 말입니다. 우리나라 소득세는 누진세율을 적용하므로 종합과세

되면 세금 부담은 커지는 구조입니다. 따라서 가능한 금융소득을 2,000만 원 이하로 맞춰 분리과세하는 게 유리합니다.

세알못 배당금을 받아도 따로 세금을 낸다고 하는데요?

택스코디 주식거래 시 배당금을 받으면 별도 세금이 발생합니다. 증권거래세와 마찬가지로 원천징수 방식으로 냅니다. 즉, 애초에 세금을 제한 금액이 제 통장에 들어오는 겁니다. 세율은 15.4%입니다. 우리가 은행에서 받는 이자에 붙는 세금과 같습니다. 하지만 개인별 배당소득이 다른 금융소득과 합해 2,000만 원을 초과하면 종합과세가 됩니다. 다른 근로소득, 사업소득, 연금소득, 기타소득과 합산해 다음 연도 5월 31일까지 종합소득세를 신고해야 한다는 말입니다. 소득세는 소득이 커질수록 부과되는 세율이 높아집니다. 10억 원을 초과할 때는 최대 45%까지 늘어납니다.

세알못 금융소득종합과세를 피하는 방법은 없나요?

택스코디 다음 세 가지가 있습니다.

1. 금융소득 실현 시기를 분산

금융소득은 연간 합산으로 계산하므로, 당해 예상 금융소득을 미리 계산해 2,000만 원을 초과할 것 같으면, 금융소득 실현을 다음 해로 넘겨야 합니다.

2. 사전증여를 활용해 소득 주체를 변경

금융상품을 자녀에게 증여하면 증여 시점에는 증여재산공제(성년 자녀 5,000만 원, 미성년자 2,000만 원)를 초과하는 범위 내 증여세가 발생하나, 증여 후 소득 주체가 자녀로 변경되며, 증여 후 10년이 지나면 증여 합산 금액에서 제외되어 증여세 또는 상속세를 절감할 수 있습니다. 참고로 자녀는 향후 다른 재산을 취득할 때 취득자금에 대한 자금출처를 확보할 수 있는 이점도 있습니다.

3. 비과세와 분리과세 상품의 활용

금융상품 중에는 비과세나 분리과세가 되는 상품이 있습니다. 이러한 상품을 활용하면 금융소득 종합과세 대상에서 제외됩니다. 금융소득 종합과세를 대비하기 위해서는 개인종합자산관리계좌(ISA), 개인형 퇴직연금(IRP), 저축보험(비과세), 펀드/상장지수펀드(ETF), 외화예금 등 5가지 상품을 꼭 챙기는 것을 추천합니다.

프리랜서라면
이렇게 절세하자!

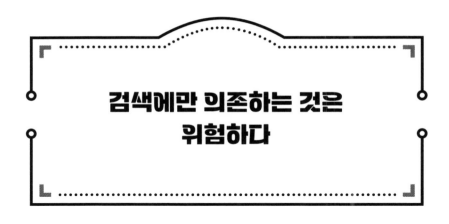

검색에만 의존하는 것은 위험하다

세알못   IT 계통에서 일하는 프리랜서입니다. 인터넷 검색을 통해 이것저것 알아보면서 단순경비율을 적용해서 소득세를 신고했습니다. 하지만 1년 뒤에 단순경비율 대상이 아니라 기준경비율 대상이라는 과세예고통지서를 받았고, 200만 원 정도 소득세 추가납부세금이 발생했습니다. 여기에 20만 원 정도의 지방소득세가 추가로 발생했습니다. 여기에다 건강보험료 정산까지 하면 사실 추가로 발생한 지출이 생각보다 많아서 걱정입니다.

택스코디   대부분 사람이 세금 문제가 발생하면 인터넷 포탈사이트를 이용해 검색부터 합니다. 세알못 씨 역시 거기서 말하는 대로 따라서 신고를 했는데, 1년 전 신고가 잘못되었다고 과세예고통지서를 받은 것입니다.

인터넷 검색으로 제대로 된 정보를 건져 올렸다면 다행인데, 그곳에는 잘못된 정보도 많다는 사실을 알아야 합니다. 사람은 이기적인 동물이라서 조금이라도 자신에게 유리한 규정이 있다면 자신에게 해당한다는 논리로 합리화하고 싶어 합니다. 이렇게 검색을 통한 지식의 습득은 아예 하지 않는 것보다 나을지 모르지만, 분명 한계가 있습니다. 책이나 강의를 통해 먼저 관련 지식을 습득하고, 인터넷 검색은 참고 자료 정도로 활용하는 것이 좋습니다. 확실한 판단이 서지 않을 때는 전문가 도움을 구하는 게 바람직합니다.

세법에서 혜택을 주는 규정에는 반드시 요건이라는 것을 충족해야 하는데, 모든 요건이 자신에게 정확하게 맞는지를 따져 봐야 합니다. 세액공제나 세액감면 같은 혜택이 큰 규정일수록 요건을 더욱더 엄격하게 해석해서 적용해야 합니다.

세알못 씨도 기준경비율 아니면 단순경비율의 적용 대상인데, 기준경비율에 대한 정확한 검토 없이 본인에게 유리한 방식의 단순경비율을 적용해 신고했습니다. 설사 본인이 단순경비율 대상일지 몰라도 혹시나 모를 일이므로 인터넷 검색만 믿지 말고, 세무대리인 또는 세무서 직원을 통해 한 번이라도 물어봤음 좋았을 것입니다.

세금 때문에 마음고생을 해본 사람만이 세금에 관해 관심을 가집니다. 하지만 그땐 이미 시행착오를 겪고 난 뒤라서 세금 상처로 인한 유무형의 비용이 상당히 큽니다.

대부분 사람은 세법을 잘 모릅니다. 신고기한이 언제인지 모르고, 무슨 세금을 신고해야 하는지 모르고, 왜 신고를 해야 하는지 모르고, 신고했다면 납부는 언제까지 해야 하는지도 모르고, 회사에서 연말정산만 하면 자신이 세금 신고할 일은 더는 없다고 생각합니다.

정확한 지식 없이 본인 생각만으로 세금 문제를 판단하고 결정하는 건 위험한 행동일 수 있습니다. 세금을 모르기 때문에 돌다리도 두들기고 건넌다는 심정으로 세금 공부부터 해야 합니다. 그런 후 세무사들과 소통합시다. 이게 바로 제가 강조하는 전문가 사용법입니다.

알바도 소득세 신고를 해야 하나요?

세알못 카페에서 알바를 하고 있습니다. 저도 5월에 소득세 신고를 해야 하나요?

택스코디 아르바이트생은 상황에 따라 차이가 있습니다. 급여명세서를 보면 내가 연말정산 대상자인지, 종합소득세 신고대상자인지 가장 정확히 알 수 있습니다.

먼저 급여에서 일용근로소득 세율인 6.6%(지방소득세 포함)가 세금으로 빠졌다면 연말정산도, 종합소득세 신고도 할 필요가 없습니다. 그러나 사업소득 세율인 3.3%(지방소득세 포함)가 적용됐다면 종합소득세 신고를 해야 합니다.

(만약 아르바이트 직원으로 일한 기간이 길어지면 연말정산 대상자가 되기도 합

니다. 6.6% 세율을 적용받는 직원이 같은 고용주를 위해 3개월 이상 일하면 직장인들과 마찬가지로 연말정산 대상이 됩니다.)

그리고 벌어들인 소득 형태에 따라 4대 보험 가입 의무의 관계가 달라집니다. 다음과 같습니다.

1. 정직원 (근로소득이 발생): 원칙적으로 4대 보험 가입 의무가 있습니다. 회사에서 급여 지급 시 건강보험료 등을 원천공제합니다.

2. 일용직 (일용직 소득이 발생): 4대 보험 가입 의무가 있습니다. 다만 통상 1개월 이상 근무와 월 8일 또는 60시간 이상 근무 등의 요건을 충족해야 합니다. 회사에서 급여 지급 시 보험료를 원천공제합니다.

3. 프리랜서 (3.3% 사업소득이 발생): 4대 보험 가입 의무는 없습니다. 이런 프리랜서는 피부양자로 등록할 수 있으며, 그렇지 않으면 지역에서 건강보험과 국민연금에 가입해야 합니다. 다만, 직장인에게 사업소득이 추가되면, 종합소득금액(수입 - 비용)이 2,000만 원을 초과할 때 지역에서 별도로 건강보험료를 내야 합니다. 국민연금은 프리랜서가 직원을 고용하지 않는 이상 별도로 부과되지 않습니다.

4. 기타소득자 (8.8% 기타소득이 발생): 기타소득도 4대 보험 가입 의무는 없습니다. 기타소득자도 프리랜서처럼 건강보험 등의 관계가 형성됩니다.

▶ 일용직으로 신고한 경우

구분	사업주	직원
4대보험	고용, 산재 보험료 부담	고용보험료 일부 부담
세금	일당 15만 원 초과금액에 대해 6.6% 공제	일당 15만 원까지 비과세
비고	한 달간 8일 이상 또는 60시간 이상 근무 시, 2개월 이상 근무하면 국민연금에서 4대보험 부과 매월 근로복지공단에 고용, 산재 근로 내용 확인신고 (지급명세서 제출 포함)	2개월 이상 근무 시 4대보험 발생 일용직 소득은 분리과세하는 소득이라 연말정산 시 나이 요건 충족 시 부양가족으로 인적공제 가능

▶ 프리랜서로 신고한 경우

구분	사업주	직원
4대보험	부담 없음	수입이 연간 천만 원 초과 시 지역 건강보험료 발생 (기준금액: 사업소득금액 500만 원 이상)
세금	인건비 지급 시 3.3% 공제 후 다음 달 10일까지 원천세 신고·납부	다음 해 5월 종합소득세 신고
비고	사업소득 지급명세서 제출, 퇴직 시 근로자와의 분쟁 우려 있음	사업소득금액 100만 원 초과 시 연말정산 부양가족 인적공제 불가

배달 아르바이트 대학생 대부분은 프리랜서 사업소득으로 구분됩니다. 이때 대학생 본인에게는 문제가 되지 않지만, 해당 부모님 연말정산에서 신용카드소득공제, 보험료 세액공제, 교육비 세액공제 등 각종 부양가족 공제를 받지 못할 수 있습니다. 연간 환산소득금액이 100만 원만 넘어도 부양가족 공제를 받지 못하기 때문입니다. 특히 대학교 1~2학년에 해당하는 만 20세 이하는 기본공제도 받을 수 있는 나이여서 불공제에 대한 영향이 클 수 있습니다. 간혹 아르바이트 사실을 숨기는 때도 있

는데, 본인이 일정한 규모 이상의 수입이 발생하는 경우 부모의 소득세에 영향이 있다는 점을 알고 있어야 합니다.

프리랜서는 통상 보수에서 3.3%를 공제하는 사업소득자입니다. 그러므로 발생한 사업소득에 대해 연말정산을 하는 것이 아니라 5월에 종합소득세 신고를 해야 합니다. 그런데 프리랜서임에도 연말정산을 하는 경우가 있습니다. 다음과 같습니다.

보험모집인	독립된 자격으로 보험가입자의 모집 및 이에 부수되는 용역을 제공하고, 그 실적에 따라 모집수당 등을 받는 사람
방문판매원	방문판매업자를 대신하여 방문판매업을 수행하고, 그 실적에 따른 판매수당을 받는 사람
음료 배달 판매원	독립된 자격으로 음료품을 배달하는 계약배달 판매 용역을 제공하고 판매실적에 따른 판매수당 등을 받는 사람

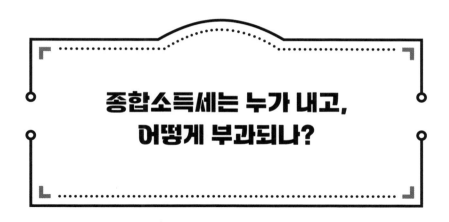

종합소득세는 누가 내고, 어떻게 부과되나?

"세무사에게 맡기고 있으니 걱정 없다!"

이렇게 말하는 사람도 이 글은 한 번 쭉 읽어 보면 좋겠습니다. 아무리 세금 신고납부를 세무대리인에게 맡기고 있다고 하더라도 내가 내는 세금에 대한 기본적인 지식은 알아두어야 여러 상황을 대비할 수 있기 때문입니다.

세알못 종소세는 누가 내는 거죠?

택스코디 종합소득이 있는 모든 사람이 신고대상자입니다. 다음과 같습니다.

- 사업소득 (부동산임대업 소득 포함)이 발생하는 경우
- 두 군데 이상에서 근로소득이 발생했으나 합산해 연말정산 하지 않은 경우
- 기타소득금액이 300만 원이 넘는 경우
- 사적연금소득이 1,500만 원을 초과하는 경우
- 금융소득 (이자소득 + 배당소득)이 연간 2,000만 원을 넘은 경우
- 양도가 여러 건이 넘고 합산 신고하지 않은 경우
- N잡러, 사업소득과 근로소득이 함께 있는 경우

세알못 종소세 계산은 어떻게 하나요?

택스코디 계산을 앞두고 이해를 위해 알아 둬야 할 용어 몇 가지가 있습니다. 다음 표를 참고합시다.

과세표준	세금 계산의 표준이 되는 금액
세율	과세표준에 대해서 내야 할 세액의 비율
과세기간	과세표준을 산정하는 기간

먼저 과세표준은 어떤 세금이든지 세금 계산을 할 때 그 기준이 되는 금액을 뜻합니다. 다음은 세율입니다. 종합소득세의 경우 최소 6%에서 최고 45%의 세율을 부담해야 합니다. 종합소득세는 소득이 높으면 높을수록 세금을 더 많이 부담하는 누진세율을 적용하는 세금이죠. 마지막으로 과세기간은 과세표준을 산정하기 위한 기간입니다. 종합소득세의 경우 해를 기준으로 합니다. 예를 들어 2023년 1월 1일부터 2023년 12

월 31일의 과세기간 동안 벌어들인 종합소득은 다음 해인 2024년 5월 31일까지 신고납부하면 됩니다.

종합소득세 과세표준을 구하는 게 좀 어렵습니다. 먼저, 종합소득에 해당하는 소득들을 모두 합하면 종합소득금액이 나옵니다.

대표적으로 사업소득의 경우 전체 매출액에서 필요경비를 차감하면 구할 수 있습니다. 이 금액에 혹시 작년에 손해 봤던 사업소득 즉, 이월결손금이 있다면 차감해 주면 됩니다. 이 과정을 마치면 종합소득금액이 나오게 됩니다. 여기에 내게 해당하는 소득공제들을 적용해 빼주면 세율을 매기는 기준이 되는 종합소득과세표준을 구할 수 있습니다.

이렇게 나온 종합소득과세표준에 해당하는 세율을 적용하고 나면 산출세액이 나옵니다. 산출세액에 또 한 번 내가 적용받을 수 있는 세액공제 혹은 세액감면 혜택을 적용해 빼주면 결정세액을 산출할 수 있게 됩니다. 여기에 미리 낸 기납부세액이 있다면 빼고, 혹시 내야 할 가산세가 있다면 더해주면 최종 납부 혹은 환급세액을 구해볼 수 있게 됩니다.

세알못 종소세 신고 절세 팁엔 어떤 게 있나요?

택스코디 다시 복습하자면, 간편장부대상자가 복식부기 장부를 작성했을 때 받을 수 있는 100만 원 한도의 기장세액공제, 사업자라면 가입할 수 있는 노란우산공제, 연금저축 세액공제 등이 있습니다. 내가 낼 세금에서 뺄 수 있는 건 잘 챙겨서 빼고 홈택스 홈페이지, 관할 세무서 방문 신고, 세무대리 중 내게 맞는 신고 방법을 통해 기한 안에 잘 납부하는 건 절세의 기본입니다.

모두채움 신고서가
채워주지 않는 것들이 있다

종합소득세는 납세자가 스스로 신고납부해야 하는 세금입니다. 최근에는 행정서비스 차원에서 국세청이 모두채움 신고서를 발송해주기도 합니다. 모두채움 신고서는 신고서류가 거의 다 채워져 있어 납세자가 그대로 제출만 해도 소득세 신고가 끝납니다. 모두채움 안내를 받은 납세자는 세무서 방문 없이 ARS 전화(1544-9944)나 홈택스, 손택스(모바일) 등을 통해 간편하게 신고를 마칠 수도 있습니다.

(참고로 모두채움이 아닌 일반 안내를 받은 사업자들에게도 신고에 도움을 줄 수 있는 안내사항이 제공됩니다. 빅데이터 분석을 통해 납세자별 맞춤형으로 만들어진 '신고 시 도움이 되는 사항'과 '신고 유의사항'을 제공합니다. 업종별, 개인별로 실수하기 쉬운 부분이 안내되기 때문에 꼭 확인해 본 후에 신고하는 것이 좋습니다.)

세알못 국세청이 자칫 실수하지는 않았을지 걱정되는 부분도 있습니다. 또 세금을 걷는 기관이다 보니 이대로 냈다가는 절세 포인트를 놓치는 건 아닐까 하는 걱정도 되는 것이 사실입니다.

택스코디 5월 종합소득세 신고안내를 받은 프리랜서 상당수가 모두채움 신고서를 함께 받았을 것입니다. 간편장부대상자 중에서도 장부 없이 신고하는 경우 국세청이 정한 단순경비율을 적용받는 사업자들(F, G 유형)과 주택임대사업자 중 분리과세를 선택한 사업자(V 유형) 등이 모두채움 신고서를 받게 됩니다.

먼저 주택임대사업자의 경우 모두채움 신고서를 받았더라도 수입금액 (매출)에 대한 확인이 꼭 필요합니다. 주택임대사업자는 부가가치세 면세사업이라서 사업장현황신고를 하게 돼 있습니다. 임대수익이 있는 경우 함께 신고하게 됩니다. 그런데 전세보증금을 간주임대료로 환산하지 않거나 임대수익 일부를 종종 빠뜨릴 때가 있을 수 있습니다.

과세당국은 사업자가 신고한 그대로 신고서를 채워주기 때문에 본인이 잘 못 신고한 것이 있다면 모두채움 신고서 그대로 신고하지 말고, 따로 신고서를 작성해서 신고해야 합니다.

특히 다른 사업자에게서 대가를 지급받는 프리랜서는 처음 일했던 곳에서 지급명세서를 수정하지 않았는지를 꼭 확인해야 합니다.

사업자가 프리랜서에게 사업소득 등을 지급하는 경우에는 지급명세서를 국세청에 제출하게 됩니다. 그 금액을 수정하는 경우가 종종 있습니다. 1,000만 원을 지급했는데, 2,000만 원을 지급한 것으로 잘 못 신고해서 나중에 지급명세서를 수정하는 것입니다.

　문제는 뒤늦게 수정신고를 하게 되면, 국세청 전산에 반영이 되지 않아서 모두채움 신고서에는 수정 이전의 금액이 적혀있을 수 있습니다. 실제 수입금액과 지급명세서상의 금액이 달라지면 안 되니, 프리랜서라면 이 부분을 꼭 확인해야 합니다.

　그리고 부양가족공제도 모두채움 신고서에서 꼭 확인해야 할 부분입니다. 장부를 쓰지 않은 단순경비율 적용 프리랜서의 경우 국세청은 그 부양가족이 누구인지, 부양가족이 소득금액이 있는지 등에 대한 정보가 없으므로 1인 기준(프리랜서 본인)으로 공제를 적용합니다. 그래서 부양가족은 스스로 확인하고 추가해서 넣어줘야 합니다.

세알못　간편장부대상인데 장부를 쓰지 않아 단순경비율로 모두채움 신고서를 받았습니다. 생각보다 신고서상의 세금이 많은 것 같습니다.

택스코디　실제로 국세청이 정해 놓은 단순경비율을 적용하는 것보다 경비를 훨씬 많이 쓴 경우가 있습니다.

예를 들어 프리랜서인가 경비를 수익의 80~90% 정도 지출했다면, 단순경비율로 신고하는 경우 경비처리를 적게 받아 불리할 수 있습니다. 이럴 때는 추계신고보다 장부신고를 하는 것이 더 유리합니다.

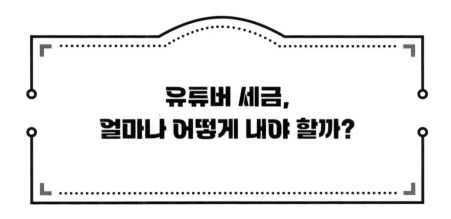

유튜버 세금,
얼마나 어떻게 내야 할까?

여행, 뷰티, 맛집 등 장르를 불문하고 플랫폼을 통해 콘텐츠들이 넘쳐나고 있습니다. 이렇게 플랫폼을 통해 자신이 제작한 콘텐츠를 제공하는 사람들을 보통 '1인 미디어 창작자', 구체적으로는 유튜버, 게임 스트리머, BJ 등으로 부릅니다. 이들이 플랫폼을 통해 인기를 얻기 시작하면 그 수입도 꾸준히 상승합니다. 1인 미디어 창작자들은 온라인 기반 플랫폼에서 다양한 주제로 영상 콘텐츠를 제작해 수익을 창출하는데, 수입 구조는 크게 3가지로 구분됩니다.

첫 번째는 유튜브·아프리카 TV·트위치 등 온라인 방송 플랫폼에서 받는 광고수익이고, 두 번째는 구독자들에게 받는 후원금입니다. 세 번째는 특정 제품의 광고(PPL)를 하고 받는 수입입니다. 광고수익이나 후원금은 플랫폼으로부터 정산해 받게 되며, 특정 제품 광고는 광고주로부터 직접 광고료를 받는 식입니다.

세알못 기획사에 소속된 유튜버와 그렇지 않은 경우, 세금 신고는 어떤 차이가 있나요?

택스코디 MCN 회사에 소속된 크리에이터라면 사업자등록 여부에 따라 세금납부 방식이 달라집니다. 사업자등록을 했다면 회사가 수익을 정산한 수입금액에 따른 세금계산서를 발급해 정산합니다. 반면, 사업자등록을 하지 않았다면, 정산금액에서 3.3%를 공제하고 신고하면 됩니다. 이는 프리랜서의 세금납부 방식과 같습니다.

기획사에 소속되어 있지 않은 크리에이터라고 할지라도 세금 납부방식에 차이가 있는 것은 아닙니다. 사업자등록 여부에 따라 플랫폼으로부터 3.3%의 세금을 공제하고 정산받거나 플랫폼으로부터 세금계산서를 발급해 정산하면 됩니다.

정리하면 기획사 소속 여부가 아닌 사업자등록 여부에 따라 세금납부 방법에 차이가 있다고 이해하면 됩니다.

세알못 PPL 제품 광고 수입은 어떻게 세무 처리해야 하나요? 협찬 금액에 대한 기준이 있나요?

택스코디 간접광고 수익(현물, 현금) 역시 크리에이터의 수익에 해당하므로 수입금액으로 신고해야 합니다. 이 역시 사업자등록 여부에 따라 사업자로 등록했다면 세금계산서 발행, 사업자등록이 없다면 3.3% 원천징수 사업소득으로 구분해 신고하여야 합니다.

협찬 금액에 대한 기준은 명확히 정해져 있지 않으므로 '시가' 개념에 비춰볼 때 사회 통념상 타당한 금액이라면 인정받을 수 있습니다.

세알못   세금을 줄이는 방법은 무엇인가요?

택스코디   세금을 줄이려면 적격증빙을 잘 챙겨야 합니다. 적격증빙이란 세금계산서, 계산서, 신용카드 전표, 현금영수증(지출증빙)을 말합니다. 사업 관련 지출이 있다면 꼭 적격증빙을 잘 챙겨야 합니다. 또 지출한 인건비가 있다면 원천세 신고를 진행해야 경비 처리할 수 있습니다.

다시 강조하지만 콘텐츠 크리에이터는 청년이 대표인 경우가 많으므로 청년창업 세액감면 적용 여부부터 검토해야 합니다. 고용 인원을 늘린 경우라면, 고용 인원이 증가한 부분에 대한 세액공제 및 사업주가 부담한 사회보험료 세액공제 등을 꼭 챙겨야 합니다.

세알못   그 밖에 1인 크리에이터가 세금 문제에서 주의할 점은 무엇일까요?

택스코디   유튜브 등 외화로 받는 수입의 경우, 세무 신고 시 국세청에서 즉각적으로 매출을 바로 파악하지 못할 수 있습니다. 그러므로 추후 세금이 추징될 문제가 있으므로 항상 매출 신고 시 이를 신경 써서 신고해야 합니다.

국민연금 받는 부모님, 부양가족공제 가능할까?

세알못 국민연금을 받는 부모님도 부양가족공제가 가능한가요?

택스코디 종합소득세 신고 시 기본공제자로 등록할 수 있는 기준은 연간소득금액 100만 원 이하입니다.

다음처럼 연간 노령연금(국민연금) 수령액이 약 516만 원 이하일 때 연금소득공제 416만 원이 차감되어 연금소득금액은 100만 원으로 계산되어 부양가족 기본공제자로 등록할 수 있습니다.

- 연간소득금액 = 연금 수령액 - 연금소득공제 = 516만 원 - 416만 원 = 100만 원

다음처럼 공적연금 수령 시 연금소득공제 (최대 900만 원) 후 남은 금액에 대해서는 종합과세합니다.

(참고로 2001년 이전 가입 기간에 따른 국민연금 노령연금액은 과세 제외소득입니다. 따라서 2002년 1월 1일 이후 가입 기간에 낸 연금보험료 몫으로 돌려받는 노령연금과 반환일시금만 과세대상입니다.

또한, 비과세 소득에 해당하는 장애연금과 유족연금도 과세기준금액에서 제외됩니다. 정확한 과세대상 연금액이 궁금한 사람은 국민연금공단 전자민원서비스나 콜센터 1355로 문의하면 확인 가능합니다.)

▶ 연금소득공제

총 연금액	공제액
350만 원 이하	총 연금액
350만 원 초과 ~ 700만 원 이하	350만 원 + 350만 원을 초과하는 금액의 40%
700만 원 초과 ~ 1,400만 원 이하	490만 원 + 700만 원을 초과하는 금액의 20%
1,400만 원 초과	630만 원 + 1,400만 원을 초과하는 금액의 10%

연간소득금액은 연금소득 외에 근로소득금액, 사업소득금액, 기타소득금액, 이자·배당소득금액과 퇴직소득금액, 양도소득금액까지 포함되기 때문에 이 금액의 총합이 100만 원 이하인지 꼭 확인해야 합니다. 다음 표를 참고합시다.

▶ 연간환산 소득금액 100만 원 이하 예시

소득종류		연간소득금액 100만 원 이하 예시	비고
종합소득	금융소득	금융소득합계액이 연 2천만 원 이하 (분리과세 된 경우)	이자소득+배당소득
	근로소득	• 일용근로소득: 소득금액과 관계없이 기본 공제 신청 가능 • 총급여액 500만 원 이하	일용근로소득은 분리과세
	사업소득	사업소득금액 100만 원 이하 총수입금액이 2천만 원 이하인 주택임대소득 (분리과세를 선택한 경우)	
	기타소득	기타소득금액 300만 원 이하 (분리과세를 선택한 경우)	

	연금소득	• 공적연금: 약 516만 원 이하
		• 사적연금: 연금계좌에서 연금형태로 받는
		  소득 중 분리과세되는 연금소득(연금소득
		  1,500만 원 이하)
		• IRP에 입금되어 과세이연된 퇴직금을 연금
		  으로 수령하는 금액
		• 연금계좌에서 의료목적, 천재지변 등 부득
		  이한 사유로 인출하는 금액
			• 공적연금: 국민연금,
			  공무원/군인연금
			• 사적연금: 연금저축,
			  퇴직연금

퇴직소득		퇴직금 100만 원 이하	
양도소득		양도소득금액 100만 원 이하	

웹툰 작가 여행비용도
필요경비 처리가 가능하다?

소득의 3.3%를 세금으로 떼는 '프리랜서'는 세법에 따라 규정돼 있습니다. 소득세법과 부가가치세법에서 각각 시행령으로 정한 직업군입니다.

먼저 제129조 소득세법에 따라 원천징수 대상 사업소득에 해당하면 소득세율 3%를 적용합니다. 여기에 지방소득세 0.3%(소득세액의 10%)를 지방자치단체에 내야 하므로 실제 프리랜서가 부담하는 세율은 3.3%가 됩니다.

이렇게 원천징수를 해야 하는 사업소득의 범위를 확인하려면 여러 개의 세법을 따라가야 합니다. 소득세법 시행령 제184조에는 원천징수 대상 사업소득을 부가가치세법 제126조의 면세 인적용역 소득으로 규정했습니다. 여기에는 저술가·작곡가 등이 제공하는 인적용역이라고만 명시했고, 자세한 사항은 다시 부가가치세법 시행령 제42조에 위임했습니다.

구체적인 인적용역은 크게 13개 항목으로 분류합니다. 먼저 저술·서화·도안·조각·작곡·음악·무용·만화·삽화·만담·배우·성우·가수 관련 용역이 포함됐습니다. 작가나 만화가, 단역배우 등이 일을 하고 나서 벌어들이는 소득에 대해 원천징수 세율 3.3%를 적용하고, 부가가치세 면세 혜택도 주는 것입니다.

연예에 관한 감독·각색·연출·촬영·녹음·장치·조명 등도 규정됐습니다. 영화나 드라마 제작에 참여하는 스태프들이 대표적인 사례입니다. 건축감독과 학술 용역에 참여한 전문가, 음악·재단·무용·요리·바둑을 가르치는 교수의 소득도 원천징수 대상입니다. 사교댄스나 요리교실 강사가 학원에서 받는 강사료에 해당합니다.

그리고 직업운동선수와 심판, 접대부·댄서, 보험 모집인, 속기사, 작명가 등도 프리랜서로 분류됐습니다. 저작권에 대한 인세를 받거나 라디오·TV에 출연한 해설가·평론가·기자의 출연료, 다수의 대중을 상대로 한 강연자의 소득도 대상입니다.

이 밖에 개인이 특정 프로젝트에 참여해 일의 성과에 따라 수당을 받는 경우도 마찬가지입니다. 각 세법 규정에는 '이와 유사한 용역'이라는 표현이 있으므로 웹툰 작가나 유튜브 크리에이터 등의 소득도 원천징수 대상에 해당합니다.

세알못 프리랜서 웹툰 작가입니다. 세금폭탄을 피하는 방법은 무엇인
가요?

택스코디 프리랜서 절세 팁은 크게 3가지로 요약됩니다.

프리랜서 절세 팁 1

가장 중요한 것은 증빙입니다. 개인사업자는 사업과 관련한 비용을 지
출할 때 증빙서류를 꼭 챙겨야 하는데, 프리랜서도 각각의 업무 특색에
맞는 사업 관련 지출은 경비로 인정받기 때문에 증빙을 반드시 챙겨두어
야 합니다.

세법에서 인정하는 증빙 (적격증빙)은 세금계산서, 계산서, 신용카드영
수증, 현금영수증 등입니다. 사업자등록을 하지 않은 경우라도 업무 관
련 비용이라고 생각된다면 반드시 카드를 쓰거나 현금영수증을 받아 챙
겨두는 것이 좋습니다.

보험설계사나 자동차 딜러 같은 업종은 접대비나 광고비로 인정받을
경비가 많고, 연기자는 본인 외모를 가꾸는데 지출한 비용도 경비로 인
정받을 수 있습니다. 웹툰이나 웹작가라면 아이디어를 찾기 위한 여행
비용도 출장경비로 인정받을 수 있습니다.

재택근무할 때는 사업 유관으로 판단되는 비중으로 전기 요금, 수도
요금도 비용으로 인정받을 수 있습니다. 또한, 휴대폰과 인터넷 요금 등
통신비도 관련 영수증을 모아둘 필요가 있습니다.

경조사비는 청첩장 등을 보관해두면 1건에 20만 원씩 접대비로 인정
됩니다. 차량을 운행하는 경우는 보험료나 유류비, 수리비까지 비용 처

리할 수 있습니다.

혼자서 일을 하는 프리랜서들도 아르바이트를 고용할 때가 있는데, 이럴 때도 인건비를 비용 처리할 수 있습니다. 아르바이트생은 일당 15만 원까지는 소득세를 원천징수하지 않아도 되지만, 인건비 처리를 위한 기록은 남겨야 합니다. 이때 반드시 사업자 본인 명의의 계좌에서 아르바이트생 명의로 된 계좌로 이체해야 합니다.

프리랜서 절세 팁 2

사실 전년도 기준 연 수입금액이 7,500만 원 이하이면 간편장부대상에 해당해 장부를 쓸 의무가 없습니다. 간편하게 써도 되지만 안 써도 된다는 것입니다. 장부를 안 쓰고 신고하는 것을 '추계신고'라고 합니다. 다시 복습하면 추계신고를 하더라도 연 수입금액이 3,600만 원이 넘을 때는 국세청이 정한 낮은 경비율(기준경비율)을 적용받아야 하는 단점이 있습니다. 경비처리를 기대만큼 못하게 되니 세금 부담이 커질 수밖에 없습니다.

반대로 장부작성 의무가 없는 간편장부대상자가 현금증감 외에 재정상태 모두를 기록하는 복식부기(연 수입 7,500만 원 이상자 의무 대상) 방식으로 장부를 쓰면 20%의 세액공제를 받습니다. 복식부기 작성만으로 최대 100만 원까지 세액을 돌려받을 수 있습니다. 따라서 수입금액 7,500만 원 미만 프리랜서가 세무대리인을 통해 소득세 신고를 한다면 기장세액공제 여부를 꼭 확인해야 합니다.

프리랜서 절세 팁 3

프리랜서들이 받는 소득은 대부분 3.3%를 소득세로 원천징수하는 사업소득입니다. 그런데 가끔 기타소득이 생길 때가 있습니다. 기타소득은 22%(지방소득세 포함) 세율로 원천징수하지만, 소득의 60%를 필요경비로 인정받기 때문에 실제 세율은 8.8%가 됩니다. 세율만 보면 기타소득이 불리하지만, 기타소득은 필요경비를 60%로 확정적으로 높게 적용받고 장부작성 의무도 없다는 장점이 있습니다. 따라서 기타소득으로 받은 소득이 사업소득으로 잘못 분류되지 않도록 주의해야 합니다. 예를 들어 추계신고를 해서 40%의 경비율을 적용받는 사업소득이 있는데, 60%의 필요경비율을 적용받아야 할 기타소득이 사업소득으로 분류되면 그만큼 세금을 더 내게 되는 것이기 때문입니다.

둘의 구분은 반복적이냐 일시적이냐에 따라 구분됩니다. 사업소득은 계속적이고 반복적인 사업 활동으로 발생한 소득을 말하고, 반대로 기타소득은 일시적이고 우발적인 활동으로 발생한 소득입니다.

학원 강사를 기준으로 보면 평소 매일 강의하러 가는 학원에서 받는 강사료는 사업소득이지만, 특정 날 초빙돼 단발적으로 하게 되는 외부강의의 강사료는 기타소득인 셈입니다. 사업소득과 기타소득 명세는 국세청 홈택스에서 확인할 수 있습니다.

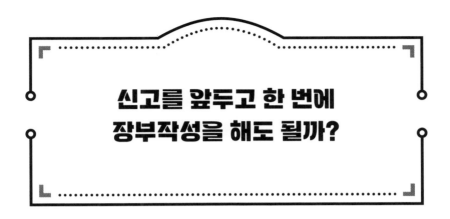

신고를 앞두고 한 번에 장부작성을 해도 될까?

과세당국은 더 구체적인 세금 신고안내를 위해 납세자들을 각각 13가지 유형으로 구분해서 신고 안내장을 보내고 있습니다.

세알못   D 유형 간편장부대상자라는 안내문을 받았습니다.

택스코디   사업자 유형은 장부기장 의무 여부, 경비율 적용방식 등에 따라 구분됩니다. 세알못 씨처럼 D 유형으로 구분된 간편장부대상자들의 수가 가장 많습니다. 모든 사업자가 신고에 신중해야 하겠지만, 특히 D 유형 사업자는 신고의 방식에 따라 세금의 무게가 크게 달라집니다.

사업자들은 기본적으로 장부를 작성하고 그에 따라 세금을 신고납부

할 의무, 즉 기장 의무가 있습니다. 하지만 차변과 대변을 구분(복식부기)해 자산과 부채, 비용과 수익의 흐름을 정확하게 기록하기란 쉽지 않습니다. 따라서 규모가 작은 개인사업자에게는 예외적으로 간이한 양식으로 장부를 작성할 수 있게 '간편장부'를 허용하고 있습니다. 사업자를 다시 복식부기로 장부를 써야만 하는 '복식부기의무자'와 간편장부로도 장부를 작성할 수 있는 '간편장부대상자'로 나누는 이유입니다.

그런데 이런 구분과 상관없이 사업자는 장부를 쓰지 않고도 세금 신고할 수가 있습니다. 장부가 없는 대신 나라에서 정한 경비율만큼만 필요경비를 빼고 세금을 내면 되는데, 이것을 추계신고라고 합니다. (계속 반복하는 내용이니 이제 저절로 기억되리라 믿습니다.) 과세당국에서 정한 경비율은 다시 일정 기준(매입, 임차료, 인건비 등)까지는 증빙을 통해 경비를 인정해주는 기준경비율과 그렇지 않은 단순경비율로 나뉩니다. 단순경비율은 매입, 임차료, 인건비 등이 인정되지 않지만, 경비율 자체가 기준경비율보다 훨씬 높아서 보다 영세한 사업자들에게 적용하고 있습니다.

D 유형으로 신고안내를 받았다면, 간편장부대상이면서도 장부 없이 신고하는 경우 기준경비율을 적용받는 프리랜서입니다. 다시 말해 간편장부를 써서 신고하거나 장부 없이 기준경비율로 신고하는 것 중에서 하나를 선택해야 합니다. (참고로 프리랜서 직전연도 매출액이 3,600만 원 이상 ~ 7,500만 원 미만일 때가 D 유형에 해당합니다.)

장부를 작성하지 않는 추계신고를 하면 국가에서는 실제 지출된 경비를 알 수 없습니다. 따라서 정해진 경비율대로 경비를 처리하게 되고, 실제 지출한 경비를 인정받지 못합니다. 일반적으로 장부를 쓰는 것이 유리한 이유입니다.

기준경비율을 적용하면 매입비용과 임차료, 인건비 등 증명서류로 확인되는 주요경비를 우선 경비로 인정해주고, 나머지는 정부에서 정한 기준경비율을 곱해서 경비를 인정해줍니다. 그런데 그 경비율이 상당히 낮다는 것이 문제입니다. (대표적인 프리랜서 중 하나인 작가의 경우 기준경비율이 16.7%입니다.)

예를 들어 작가인 A 씨가 작년에 5,000만 원의 매출 (수입금액)을 올렸고, 사무실 임차료로 월 40만 원씩 480만 원, 컴퓨터 구입비용 200만 원, 기타 접대비와 출장비, 여비교통비 등으로 1,600만 원을 썼다고 가정합니다. 또 계산 편의를 위해 감가상각 및 각종 소득공제를 고려하지 않고, 간편장부를 작성했을 때, 소득세를 계산해보면 다음과 같이 약 282만 원 정도의 소득세를 내야 합니다.

- 소득금액 = 수입금액 - 필요경비 = 5,000만 원 - (임차료 480만 원 + 컴퓨터 구 입비용 200만 원 + 기타 비용 1,600만 원) = 2,720만 원

- 소득세 = 과세표준 × 세율 = 2,720만 원 × 15% - 126만 원(누진공제액) = 282만 원

하지만, 기준경비율을 적용하면 이보다 115만 원 정도 더 많은 397만 원의 세금을 내야 합니다.

- 소득금액 = 수입금액 - 필요경비 = 수입금액 - 주요경비 - (수입금액 × 기준경비율) = 5,000만 원 - (임차료 480만 원 + 컴퓨터 구입비용 200만 원) - (5,000만 원 × 16.7%) = 3,485만 원

- 소득세 = 과세표준 × 세율 = 3,485만 원 × 15% - 126만 원(누진공제액) = 397만 원

세알못 D 유형으로 신고안내를 받았다면, 간편장부를 작성하는 것이 유리하군요. 장부작성을 전혀 하지 않았는데, 신고를 앞두고 한 번에 장부작성을 해도 되나요?

택스코디 물론 가능합니다. 다만, 그동안 장부작성을 전혀 하지 않았기 때문에 1년 치 전체에 대한 지출 증빙자료를 모아서 한 번에 작성하기가 쉽지 않을 것입니다.

만약 세무대리인에게 장부작성을 맡기더라도 해당 과세연도의 부가가치세 신고서류, 사업 관련 지출 금액 증빙 (신용카드 내역, 간이영수증 등), 기부금 지출 내역, 부양가족 인적사항, 보험료 납입 내역, 사업 관련 차입금 및 이자 납입 증명원, 고정자산 (기계, 차량 등) 할부 리스 등 연간 납입 내역은 프리랜서 본인이 직접 찾아서 줘야 합니다. 그 외의 자료는 국세청 홈택스에서 확보 가능합니다.

정리하면 D 유형의 프리랜서는 간편장부를 쓰는 편이 절세에 도움이 됩니다. 다만, 간편장부를 쓰는 경우 사업과 무관하게 사용한 지출을 비

용으로 인정받기 어렵다는 점을 알고 있어야 합니다.

　만약 주요경비로 인정받을 수 있는 매입비용과 임차료, 급여 외에 특별한 지출이 없는 경우라면 오히려 장부를 쓰지 않고, 기준경비율을 적용하는 것이 유리할 수 있습니다.

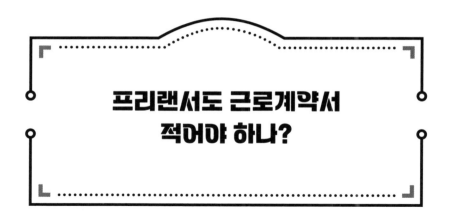

프리랜서도 근로계약서 적어야 하나?

프리랜서란 조직이나 회사에 소속되지 않은 상황에서 자유롭게 근무하는 형태로 일반적인 계약서와는 다르게 작성합니다. 미용실, 네일샵, 피부관리실 등 뷰티 관련 업체의 경우 아직도 열정페이를 요구할 때도 있어 최저임금 이하의 급여를 받는 사례가 많아 문제가 되고 있습니다. 분명히 출, 퇴근 시간이 정해져 있고, 휴가 관리 및 고정 급여를 지급하고, 업무상 지시 감독을 하는 상황이라면 근로기준법상 근로자에 해당합니다. 근로자에게는 최저임금을 지급하게 되어있으므로 이를 위반할 경우 근로자가 퇴사하며 법적으로 문제 되는 경우도 많습니다.

프리랜서 계약이란 어떤 일을 완성하도록 하고, 그에 대해 대가를 지급하는 관계를 말합니다. 저 같은 작가들은 출판사와 프리랜서 계약을 맺습니다. 출판사는 작가에게 책을 써달라고 의뢰하고 대가를 치르기로 하면 프리랜서 계약이 성립한 것입니다.

프리랜서 계약과 근로계약은 다른 것입니다. 근로계약을 맺은 근로자들은 부당하게 해고를 당했다면 해고 기간 내 못 받은 임금을 받고 복직할 수 있으며 퇴직금도 받을 수 있습니다. 근무 중에 다쳤다면 본인의 과실 여부와 상관없이 산재 보상 혜택도 받을 수 있습니다. 그러나 프리랜서는 고용안정이 보장되지 않고 당연히 퇴직금도 해당 사항이 없습니다. 일하다 다쳐도 상대방의 과실이 있을 때만 손해 배상을 청구할 수 있습니다. 보험설계사, 학원 강사, 위탁판매원, 텔레마케터, 채권추심원 등이 대표적 예입니다. 이런 직업을 가진 사람들은 대가를 봉급이나 임금으로 표현하지 않고 수수료, 강사료, 공임, 공급단가 등으로 말합니다. 그리고 근로계약서를 쓰지 않고 위탁계약서 또는 도급계약서를 작성합니다. 이런 식으로 계약하면 고용주는 4대보험을 내지 않아도 되고, 3.3%로 원천징수하면 됩니다.

세알못   그럼 프리랜서 근로계약서, 무엇을 확인해야 하나요?

택스코디 프리랜서는 특정 소속이 아니고 제한도 받지 않으니 자유 근무를 하는 것으로 체결해야 합니다. 건별로 진행을 하는 경우가 많고, 사전에 어떻게 일을 할 것인지에 대해 조율이 필요합니다. 그러나 이렇게 정했다고 해도 실제로 정규직처럼 업무를 했을 때는 추후 퇴사 시 퇴직금을 청구할 수도 있습니다. 또한, 월급이 아닌 시급으로 계산하여 지급 받을 때도 있는데, 이때는 주휴수당까지 꼭 챙겨야 합니다.

프로젝트별로 업무를 의뢰받는 형태 또는 위탁을 하면서 대가를 받는 것이 주요 용건으로 되어있는지 확인해야 합니다. 용역 여부에 대해서도 정확하게 해 둘 필요가 있습니다. 기간, 금액, 출장비 등이 구체적으로 기재되어 있으면 좋습니다. 다음 표를 참고합시다.

명확한 내용 기재	프리랜서와 고용주 간 의무와 권리, 업무 내용, 일정, 보수 등을 구체적으로 기재
원천징수 관련 사항	원천징수에 관한 내용과 실지급액을 계약서에 반드시 포함
비밀유지 및 지적재산권 보호	업무 수행 중 생성된 결과물의 소유권 관련 조항 포함
분쟁 해결 방안	계약 해지 조건과 업무 수행 시 발생하는 분쟁을 해결하는 방법을 구체적으로 명시
양측 서명	계약서 효력을 위해 양측 서명 또는 날인 필요

알쏭달쏭 헷갈리는 세금 용어

세금을 공부하려는데, 어렵게만 느껴지는 이유는 용어 때문입니다. 처음부터 어려운 용어를 이해하려고 노력하지 말고, 반복해서 계속 읽어보는 것이 중요합니다. 쉽게 찾아볼 수 있도록 가나다순으로 작성했습니다.

ㄱ

용어	설명	비고
경정청구	부당하게 세금을 더 냈거나 잘못 냈을 때, 돌려달라고 요청하는 것을 말합니다.	법정신고기한 경과 후 5년 이내에 관할 세무서장에게 정당하게 세액을 결정 또는 경정해 줄 것을 청구하면 됩니다.
공급가액	실제 공급되는 제품의 가격을 말합니다. 부가가치세가 제외된 금액을 말합니다.	일반과세사업자가 물건값을 100원으로 책정했다고 하면, 세금계산서 등에 표시할 때 공급가액 100원과 부가가치세 10원, 합계금액 110원으로 표시합니다.
공급대가	제품의 가격에 부가가치세를 더한 개념입니다.	• 공급대가 = 공급가액 + 부가가치세
공급자	재화나 용역을 공급하는 역할을 담당하는 사람이나 사업체를 말합니다.	
공급받는 자	재화나 용역을 매입하는 사람이나 사업체를 말합니다.	
공제	비용으로 인정받을 수 있다는 것을 말합니다.	• 불공제: 비용으로 인정받지 못한다는 것을 말합니다.

과세기간	소득세, 법인세, 부가가치세 등과 같이 일정 기간 과세표준을 계산하는 시간적 단위를 말합니다.	• 소득세 과세기간: 매년 1월1일부터 12월 31일까지 • 부가가치세 과세기간: 1월 1일부터 6월 30일까지를 1 과세기간, 7월 1일부터 12월 31일까지를 2 과세기간
과세대상	세금이 부과되는 대상을 말합니다.	• 과세: 세무서에서 세금을 매기는것을 말합니다.
과세이연	자산을 대체 취득하는 경우, 새로 취득한 자산의 처분 시점까지 과세를 연기하는 것을 말합니다.	예: IRP에 입금되어 과세이연된 퇴직금
과세표준	소득, 재산, 소비 등에 대한 세금을 산정하기 위한 기준이 되는 것을 말합니다.	과세표준에 세율을 곱해 세금이 계산됩니다.
기장	사업자가 장부를 기록하는 것을 기장(記帳, Book keeping)이라고 합니다.	기록된 장부 자체를 기장이라고 부르기도 합니다.
기장료	세무대리인에게 장부작성을 의뢰하고 일정한 수수료를 매달 지급하는데, 이런 장부작성 수수료를 말합니다.	• 조정료: 소득세 신고 시 세무조정을 한 후에 신고합니다. 이에 들어간 비용을 조정료라 부릅니다.
기타매출	증빙자료가 없거나, 적격증빙으로 인정하지 않는 증빙을 통해 매출이 생겼을 때, 이를 기타매출이라고 합니다.	건별 매출이라고도 합니다. 부가가치세 신고 시 현금영수증을 발행하지 않은 현금매출을 기타매출이라고 합니다.
기한후신고	세금 신고를 제때 신고납부하지 못하고 법정신고기한이 지나서 신고하는 것을 말합니다.	무신고가산세, 납부불성실가산세가 발생합니다.

ㄴ

용어	설명	비고
납세의무자	세금을 내야 할 의무가 있는 대상을 말합니다.	

ㄷ

용어	설명	비고
단순경비율	경비율이란 증빙 없이도 인정해주는 비율입니다. 주요경비와 기타경비를 모두 인정해주는 것이 단순경비율입니다.	• 기준경비율: 기타경비만 인정해주는 것이 기준경비율입니다. 기준경비율에서 주요경비를 인정받으려면 적격증빙이 필요합니다.

ㅁ

용어	설명	비고
매출	제품이나 상품 등을 팔고 얻은 대가를 말합니다.	• 매입: 영업 활동을 위해 지출한 매출원가를 말합니다.
매출세액	부가가치세법상 매출과 관련한 부가가치세액을 말합니다.	• 매입세액: 부가가치세법상 매입과 관련한 부가가치세액을 말합니다.
면세	특정 재화 또는 용역 공급에 대해 부가가치세법에 따라 납부의무를 면제하는 것을 말합니다.	면세물품 중에는 가공하지 않은 농·수·축산물, 여성 생리대, 연탄, 도서, 신문·잡지 등이 있습니다. 용역 중에서는 의료보건용역이나 의약품조제용역, 학원 교육 서비스, 은행·보험의 금융서비스 등이 모두 부가가치세가 붙지 않습니다.

ㅂ

용어	설명	비고
발급일자	세금계산서를 발급하는 날을 말합니다.	5월 20일 판매한 상품에 관한 세금계산서를 6월 3일에 발급했다면, 5월 20일이 작성일자, 6월 3일이 발급일자입니다.

용어	설명	비고
복식부기	장부의 작성은 복식부기라는 방식으로 하도록 법으로 정해 놓고 있습니다. 자산과 부채, 자본, 그리고 비용과 수익 등의 흐름을 총합계가 같도록 일치시켜서 정리하는 복잡한 방식입니다.	전문 회계지식 없이는 사용하기 어려운 방식이어서 대부분 사업자는 수수료를 주고서라도 세무대리인의 힘을 빌립니다. 법인사업자와 일정 매출 규모 이상의 개인사업자는 복식부기가 의무입니다.
부가가치세 예정고지	개인사업자는 법인사업자들과는 달리 4월과 10월에는 스스로 부가가치세를 신고납부하는 것이 아니라 국세청이 세금을 계산해서 고지서를 보냅니다. 신고가 아니라 고지되기 때문에 '예정고지'라고 합니다.	예정고지는 납세자가 스스로 신고한 내역이 없으므로 분기 실적을 계산해서 고지하는 것이 아니라 직전 과세기간(6개월)에 낸 부가가치세의 절반(50%)을 툭 잘라 고지합니다.
부가가치세 확정신고	부가가치세 확정신고는 상반기와 하반기로 나눠서 해야 합니다.	각각 신고기한은 1월 1일 ~ 1월 25일과 7월 1일 ~ 7월 25일입니다.
비과세	세금을 부과하지 않겠다는 의미로 특정 소득을 과세대상이 되는 소득에서 제외한다는 말입니다.	예: 양도소득세 1세대 1주택 비과세

용어	설명	비고
사업장현황신고	면세사업자는 부가가치세 신고를 하지 않으니 소득 규모를 확인할 근거가 없는 문제가 생깁니다. 그래서 면세사업도 매출의 규모와 내용을 신고하도록 한 것이 사업장현황신고입니다.	매년 2월 10일까지 사업장 관할 세무서에 신고해야 합니다. 사업장현황신고를 하지 않으면 매출의 0.5%를 소득세로 가산하는 페널티가 부과됩니다.
세금계산서	부가가치세가 붙는 물건을 거래 시 주고받는 증빙을 말합니다. 판매자와 구매자가 모두 표시되는 특징이 있습니다.	• 계산서: 면세품, 즉 부가가치세가 붙지 않는 물건을 거래 시 주고받는 증빙을 말합니다.

용어	설명	비고
세액감면	산출세액의 일정 비율을 내야 할 세액에서 제외하는 것을 말합니다.	예: 청년창업 소득세 감면
세액공제	일정 비율로 계산된 금액을 내야 할 세액에서 제외하는 것을 말합니다.	예: 자녀세액공제, 연금저축 세액공제
소득금액	벌어들인 총금액에서 비용을 차감한 금액을 말합니다.	• 소득금액 = 수입금액 - 필요경비
소득공제	소득금액에서 일정 금액을 차감한다는 것을 말합니다. 소득공제를 많이 받을수록 과세표준이 줄어들어, 최종 세금이 줄어들게 됩니다.	예: 부양가족공제, 노란우산공제
수입금액	벌어들인 총금액을 말합니다. 판매금액 또는 매출금액과 같은 개념으로 이해하면 됩니다.	수입금액은 소득이라고도 합니다. 따라서 소득과 소득금액은 다른 말입니다.
수정신고	기한 내에 신고납부를 했지만, 계산 착오로 세금을 덜 냈을 때, 다시 수정해 신고하는 것을 말합니다.	과소신고가산세와 납부불성실가산세가 발생합니다.
신고기한	소득세, 법인세, 부가가치세를 신고하고 납부하는 기간을 말합니다.	예: 소득세 신고기한은 5월 1일부터 5월 31일까지

ㅇ

용어	설명	비고
영세율	부가가치세율을 0으로 적용하는 것을 말합니다.	예: 유튜브 광고 매출은 해외 수입으로 '영세율 (0의 세율)'이 적용
용역	상품 중 형태가 없는 것을 가리키는 말입니다.	• 재화: 상품 중 형태가 있는 것을 가리키는 말입니다.
원천징수	소득 또는 수입금액을 지급하는 자(원천징수의무자)가 그 금액을 지급할 때, 상대방(원천납세의무자)이 내야 할 세금을 국가를 대신해 걷어 내는 방법을 말합니다.	회사는 직원에게 급여를 지급할 때 근로소득 간이세액표에 따른 일정 금액을 매달 원천징수해서 과세당국에 신고납부해야 합니다.

ㅈ

용어	설명	비고
적격증빙	세법에서 법적으로 인정을 해주겠다고 규정한 증빙으로 각종 세법 관련 신고 시 꼭 필요한 증빙을 말합니다.	• 적격증빙의 유형: 세금계산서, 계산서, 신용카드, 체크카드, 현금영수증 등
중간예납	종합소득세는 매년 5월에 신고하며, 신고하기 전에 먼저 절반 정도를 납부하는데 이를 중간예납이라고 합니다.	• 중간예납 일정: 11월 1일 ~ 11월 30일
지방소득세	지방소득세는 지방세의 한 세목으로, 각 납세의무자에 따라 소득세 또는 법인세에 부수적으로 붙는 부가세를 말합니다. (소득세의 10%)	2020년부터 지방소득세를 지방자치단체에 따로 신고납부해야 합니다.
직계비속	자신을 기준으로 내려오는 직계 혈족을 말합니다.	자녀나 손자, 증손자 등을 일컫습니다.
직계존속	자신을 기준으로 올라가는 직계 혈족을 말합니다.	부모, 조부모 등이 해당합니다.

ㅍ

용어	설명	비고
필요경비	소득세법상의 개념으로, 소득세의 과세 대상인 소득의 계산상 공제되는 경비를 말합니다(소득세법 31조).	예를 들어 사업소득의 필요경비는 총수입금액에 대응하는 매출원가, 기타 총수입금액을 얻기 위해 직접 소요된 비용 및 판매비·일반관리비 등입니다.

일단 해봅시다

세금 얘기는 많이 했고, 에필로그는 이 책을 기획한 '잡빌더'가 조금 다른 말을 해볼까 합니다.

"다음 선택지가 오직 직장인과 자영업자뿐만 아니라는 것을 깨닫기만 해도, 당신은 꽤 괜찮게 살 수 있다."

다음 선택이 꼭 회사일 필요가 있을까요? 우리 얼굴 생김새가 다 다르 듯, 사는 모습도 여러 가지입니다. 회사가 아닌 다른 길을 선택해도 우리 삶은 망하지 않습니다.

한 달에 여러 번, 비정기적으로 들어오는 돈은 당연히 받아야 할 돈인 데도 마냥 좋기만 합니다. 이제는 한 달에 몇 번이고 일한 만큼, 혹은 일 한 횟수에 따라 3.3% 세금을 제한 돈이 입금됩니다. 제 직업은 넓은 범

위에서는 콘텐츠 크리에이터, 범주를 좁히면 작가 겸 강사입니다. 여기서 업무형태가 프리랜서입니다.

정해진 시간에 얽매이지 않아도 되는 저의 일하는 방식은 아주 불규칙적이고, 또 정말 단순합니다. 먼저 같은 시간에 일어나지 않습니다. 강의가 있는 날엔 조금 일찍 일어나기도 하지만, 그렇지 않은 날엔 해가 중천에 뜬 뒤 일어나기도 합니다. 일어나자마자 커피부터 마십니다. 잠이 깰 때까지 최대한 천천히 마십니다. 아무런 용건 없이 창가에 앉아 볕을 쬐기도 하고, 노트북으로 간밤과 새벽 사이에 소셜미디어에 올라온 글들을 훑어보는 것으로 하루를 시작합니다.

Q **그럼 일하는 시간은 언제인가요?**

잡빌더 하루 중 대부분은 일합니다. 저의 하루가 아주 단순하다고 말한 것이 쉬거나 일하거나 둘 중 하나이기 때문입니다. 읽고 쓰고 생각하고 다시 쓰는 것이 제가 하는 일이기에, 저는 제법 긴 시간 일하고 있습니다.

딱히 할 일이 없을 땐, 주로 책을 봅니다. 시간을 정해 놓고 독서 하는 게 아니라, 할 일이 없으면 책을 집어 듭니다. 많이 읽어야 좋은 글이 나온다는 걸 경험으로 알기에 책을 가까이 두려고 합니다. 글을 쓸 때 막힌다는 것은 내 안에 생각이 부족하다는 증거입니다.

Q **예비(초보) 프리랜서에게 해 줄 말은 없나요?**

잡빌더   다음 문장은 저의 단골 멘트입니다.

"일단 해봅시다."

해본 적 없고, 어려움이 뻔히 보이는 일인데도, 사업의 부도 이후 재기하기 위해서는 이 말을 입에 달고 살아야 했습니다. 일단 해보겠다니, 얼마나 무모한가요.

혼자 일하는 프리랜서는 일단 한다고 답하면 무조건 결과를 만들어 내야 합니다. 도움받을 곳도, 조언을 구할 곳도 마땅치 않습니다. 오로지 노트북과 작은 책상, 서점의 책만이 동료일 뿐입니다. 이따금 관련 지식이 없는 글을 써달라고 요청을 받기도 합니다. 일단 해보겠다고 말한 상태니, 그때부턴 엄청나게 공부해야 합니다. 한 페이지 원고를 쓰기 위해 몇 권의 책을 읽기도 하고, 밤을 새우기도 합니다. '일단'을 쉽게 사용한 값을 톡톡히 치르는 것입니다.

하나 확실한 건 '일단' 덕분에 때론 무모해 보이는 일도 덥석 물어, 여기까지 성장할 수 있었다는 것입니다. 또 '일단 해보자'라는 자신감 덕분에 6년째 프리랜서 생활을 잘 이어온 게 아닐까 생각합니다.

"일단 해봅시다! 당신의 건투를 빕니다."

프리랜서 99%가 잘 모르는
스무살부터 시작하는 프리랜서의 절세법

초판 1쇄 발행	2024년 7월 12일

지은이	택스코디
기획	잡빌더 로울
펴낸이	곽철식
디자인	임경선
마케팅	박미애

펴낸곳	다온북스
출판등록	2011년 8월 18일 제311-2011-44호

주 소	서울시 마포구 토정로 222 한국출판콘텐츠센터 313호
전 화	02-332-4972
팩 스	02-332-4872
이메일	daonb@naver.com

ISBN 979-11-93035-49-8(13320)